—— 作者 ——

特雷弗·布赖斯

著名古代近东文明学者，现任昆士兰大学名誉教授和新英格兰大学名誉教授，澳大利亚人文科学院院士，因对历史研究的贡献而被授予澳大利亚百年纪念奖章。主要著作有《赫梯人的王国》《安纳托利亚勇士：赫梯人简史》《古叙利亚》等。

A VERY SHORT INTRODUCTION

BABYLONIA

巴比伦尼亚

[澳大利亚] 特雷弗·布赖斯 著
赵娜 译

译林出版社

图书在版编目（CIP）数据

巴比伦尼亚 /（澳）特雷弗·布赖斯（Trevor Bryce）著；赵娜译 .
—南京：译林出版社，2024.1（2024.10 重印）
（译林通识课）
书名原文：Babylonia: A Very Short Introduction
ISBN 978-7-5447-9985-0

Ⅰ. ①巴 … Ⅱ. ①特 … ②赵 … Ⅲ. ①巴比伦－历史
Ⅳ. ① K124.3

中国国家版本馆 CIP 数据核字（2023）第 221913 号

巴比伦尼亚　［澳大利亚］特雷弗·布赖斯 /著　赵　娜 / 译

责任编辑　田　智
装帧设计　孙逸桐
校　　对　戴小娥
责任印制　董　虎

原文出版　Oxford University Press, 2016
出版发行　译林出版社
地　　址　南京市湖南路 1 号 A 楼
邮　　箱　yilin@yilin.com
网　　址　www.yilin.com
市场热线　025-86633278
排　　版　南京展望文化发展有限公司
印　　刷　徐州绪权印刷有限公司
开　　本　850 毫米 ×1168 毫米　1/32
印　　张　5.25
插　　页　4
版　　次　2024 年 1 月第 1 版
印　　次　2024 年 10 月第 2 次印刷
书　　号　ISBN 978-7-5447-9985-0
定　　价　59.00 元

序　言

欧阳晓莉

本书作者特雷弗·布赖斯教授曾长期执教于澳大利亚昆士兰大学历史、哲学、古典和宗教学院，是一位知名的赫梯学家。[①]他的成果丰硕，仅独著与合写的作品就多达十余部，其中既包括赫梯文明的专题研究，又有古代近东其他地区（如两河流域、叙利亚和特洛伊）的通史。他的著作《赫梯人的王国》（*The Kingdom of the Hittites*）突破了德国学者在赫梯学研究中的传统优势，在英语世界广受好评；另一著作*Hittite Warrior*，中文译名《安纳托利亚勇士：赫梯人简史》，2022年4月已出版，译者为首都师范大学赫梯学专家蒋家瑜博士。本书英文原版名为*Babylonia*，由牛津大学出版社2016年首次出版。

书名《巴比伦尼亚》源于学界对两河流域南部约定俗成的称呼。两河流域在地图上的形状颇像一个葫芦，以今天伊拉克首都巴格达附近为界（底格里斯河与幼发拉底河距离最近之处，相隔约40公里），天然地分为南北两个区域。两地在气候地理上各有

---

① 赫梯人是古代印欧人的一支，于公元前2千纪早期迁入小亚细亚半岛的东部和中部地区，建立赫梯文明。

特点：南部巴比伦尼亚的地形以冲积平原为主，全域海拔不超过海平面20米，年均降雨量少于干旱农业200毫米/年的下限，自然资源匮乏，农业极度依赖人工灌溉；北部亚述以石灰石覆盖的山地为主，年均降雨量使得部分地区可开展旱作农业，自然资源如石料和木材也相对丰富。然而，就是在南部这样的酷热贫瘠之地，两河流域文明却首先得以发展。

由于英法两国率先在北部亚述地区开展大规模的考古活动，最早发掘的楔形文字文献也多出土于此，故研究两河流域的学科被命名为亚述学。南部巴比伦尼亚地区得名于巴比伦城，它在公元前2千纪上半叶的古巴比伦时期首次成为王国的都城（本书第一章），在公元前1千纪中叶的新巴比伦王朝再度成为都城（第八章）。不过，自公元前3千纪起，两河流域的本土文献就称南部地区为“苏美尔和阿卡德”，而不是“巴比伦尼亚”；在埃及出土的阿玛尔纳档案中（约公元前14世纪中期），[1]两河流域南部则被称为“卡尔杜尼亚什”。

美索不达米亚/两河流域——北部：亚述 / 南部：巴比伦尼亚

——北部：阿卡德 / 南部：苏美尔

① 阿玛尔纳是埃及法老埃赫那吞（约公元前1353—公元前1336在位）所建新都，大致位于底比斯和孟菲斯的中间。它出土了300多封楔形文字阿卡德语的书信，约十分之一是当时古代近东其他大国（如亚述、加喜特、米坦尼、赫梯）写给埃及法老的信件，展现了东部地中海世界错综复杂的国际关系和频繁的人员以及物资交换。

牛津大学出版社依据上述两河流域地理的二分法，邀请两位学者分别撰写了《古代亚述简史》[①]和《巴比伦尼亚》两册读本，有其合理性。以文字存亡而论，两河流域历史始于约公元前3200年楔形文字的发明，终于公元1世纪最后一块楔形文字泥板的记录，上下纵横3 000余年，区区一册读本难以概述如此漫长悠久而又纷繁复杂的历史，按地区分册显然有其必要性。此外，在公元前1千纪的帝国时代之前，两河流域本土王朝绝大部分时间统治的核心区域都南部巴比伦尼亚，仅阿卡德王朝较为持续地统一过整个两河流域的南北两部分。这又为以南部巴比伦尼亚为中心的历史叙事提供了进一步支持。

但是，如果把两河流域历史视为一部整体史，那么南部巴比伦尼亚的历史仅相当于其中一个组成部分的区域国别史，在时间抑或空间上它都是从两河流域整体史中切割出来的一块。如何处理部分与整体之间的关系是本书面临的一大挑战。当然，本书作者对此也有深刻认识，因此在“导言”一章中补充了公元前3千纪两河流域历史的发展脉络，提醒读者巴比伦尼亚文明并非横空出世，而是前一阶段历史的延续。以本书第二章讨论的《汉谟拉比法典》[②]为例，其立法理念和行文范式都可追溯到公元前3千纪末的《乌尔纳姆法典》，后者才是人类文明史上的第一部成文法典。

① Karen Radner, *Ancient Assyria* (Oxford University Press, 2015).

② 国内一般译为《汉谟拉比法典》，但本书作者对此进行了一些探讨，详见第二章。——编注

把两河流域历史二分为南北两部的地方史，还遮蔽了二者的文化亲缘性。以语言文字为例，它们的历史记录使用了同一种文字（楔形文字）和同一种语言（阿卡德语）。后者是最古老的闪米特语，依据地理二分法又相应区分为南部方言巴比伦语和北部方言亚述语。无论是阿卡德语还是楔形文字，都共同起源于两河流域早期的文明与历史。

在非学术的中文语境中，以南部巴比伦尼亚为中心的历史叙事还关乎一个常见的错误表述，即把古巴比伦与古代中国、印度、埃及并称为四大文明古国。笔者在不同场合曾多次强调，古巴比伦仅对应两河流域历史上一个朝代/时期，用它代指整个两河流域从而与其他三个文明区域并举实则犯了以偏概全的错误，就如同论及中国历史时不能用“唐朝”来指代“中国”。更准确、更恰当的表达应当用“两河流域”来取代“古巴比伦”。

鉴于以上种种，笔者建议读者阅读本书时不妨同时阅读上文提及的“牛津通识读本”系列中的《古代亚述简史》。对两河流域整体史感兴趣的读者，推荐进一步阅读经典之作《古代近东史》（Marc Van De Mieroop, *A History of the Ancient Near East, ca. 3000–323 BC*）。遗憾的是此书尚未有中译本。

目　录

致　谢

在本书的撰写过程中，我很荣幸可以与牛津大学出版社的各位编辑进行合作，尤其要感谢安德莉亚·基根女士、詹妮·努吉女士以及嘉莉·希克曼女士的大力支持。衷心感谢昆士兰大学历史及哲学系在基础设施方面给予我的宝贵资助。海瑟·贝克博士阅读了本书的初稿，并提出了许多宝贵意见，我在此郑重表示感谢。还要感谢牛津大学出版社匿名外部审稿人对本书所提出的宝贵评阅意见，我在终稿的写作过程中获益良多。最后，衷心感谢多萝西·麦卡锡女士，她也是我之前两部著作的编辑。麦卡锡女士细致阅读了本书的文字，并对很多细节进行了精心审阅，我再次真诚表示感谢！

特雷弗·布赖斯

2015年9月于昆士兰大学

导 言

巴比伦是古代世界最伟大的城市之一（见图1）。和罗马一样，巴比伦这个名字会让人联想到权力、财富、辉煌——以及堕落。这两个名字在《圣经》中紧密相关——在《启示录》中，罗马被称为“巴比伦大淫妇”——因此，这两座城市常常被人们相提并论。在巴比伦土崩瓦解后的漫长岁月里，这座城市暴虐与放荡的形象依然存在于人们的心目中，甚至日益根深蒂固。通过解读泥板上的巴比伦文字，研查这座城市的考古遗迹，复原巴比伦的历史与文明，我们将发现巴比伦在《圣经》中的形象在很多方面如何得到了改善。通过这两方面的资料，我们了解到，巴比伦的历史可以追溯到罗马建立之前将近两千年。在人类历史上所有长时间持续居住的城市定居点当中，巴比伦成为文化大放异彩、知识蓬勃发展的古代文明的中心之一，深远地影响了同时代其他古代近东地区的城市，在众多方面对古典时代的宗教、科学以及文学传统做出了巨大贡献。

不过，接下来的内容介绍的不只是巴比伦，还包括整个美索不达米亚南部地区，在底格里斯河和幼发拉底河彼此交汇的区域，从现今伊拉克首都巴格达向南延伸，穿过南部腹地的沼泽，一直到波斯湾。巴比伦就位于巴格达西南的幼发拉底河河畔。公元前3千纪，即我们所说的青铜时代早期，巴比伦还只是美索不达米亚南部出现的众多城邦之一。大约在公元前3千纪中期，这座后来在《圣经》中臭名昭著的城市刚刚出现，只是一座小村落，而此时，美索不达米亚南部的一些城邦已经建立了几百年之久，它们聚集在一起，形成了苏美尔文明。我们现在称之为苏美尔的区域，大约是在公元前3千纪初期崭露头角的（当时居住在那里的人把这片土地叫作“文明的君主之地”）。它是近东地区第一个主要的、有组织的城市聚居区，现在被公认为“文明的摇篮”。

关于苏美尔人的起源，现在学术界依然有不同意见——有人认为他们是在公元前4千纪末期迁移到美索不达米亚的，还有人认为他们是由原来就居住在美索不达米亚的土著人进化而来的。无论是哪种情况，苏美尔人都拥有高度的实践和组织能力，这些能力帮助他们征服了美索不达米亚恶劣的自然环境，帮助他们在这片土地上生存繁衍，兴旺繁荣。底格里斯河和幼发拉底河之间的区域是平坦而干旱的土地，其中大部分地区是沙漠。这里的降水量微乎其微，甚至经常终年不雨，无法滋润这片土地。干旱问题曾经一直威胁着人类的生存。

苏美尔人勇敢地面对干旱问题，成功克服了这一困难。他们修建运河，将其连接成庞大的网络，组成了复杂的灌溉系统。这是苏美尔人杰出的实践成就之一。在苏美尔人的所有成就中，正是由于这一壮举，他们才将一个极不适合人类发展的地区改造成繁荣而先进的文明的家园。苏美尔人的城邦时代在历史上被

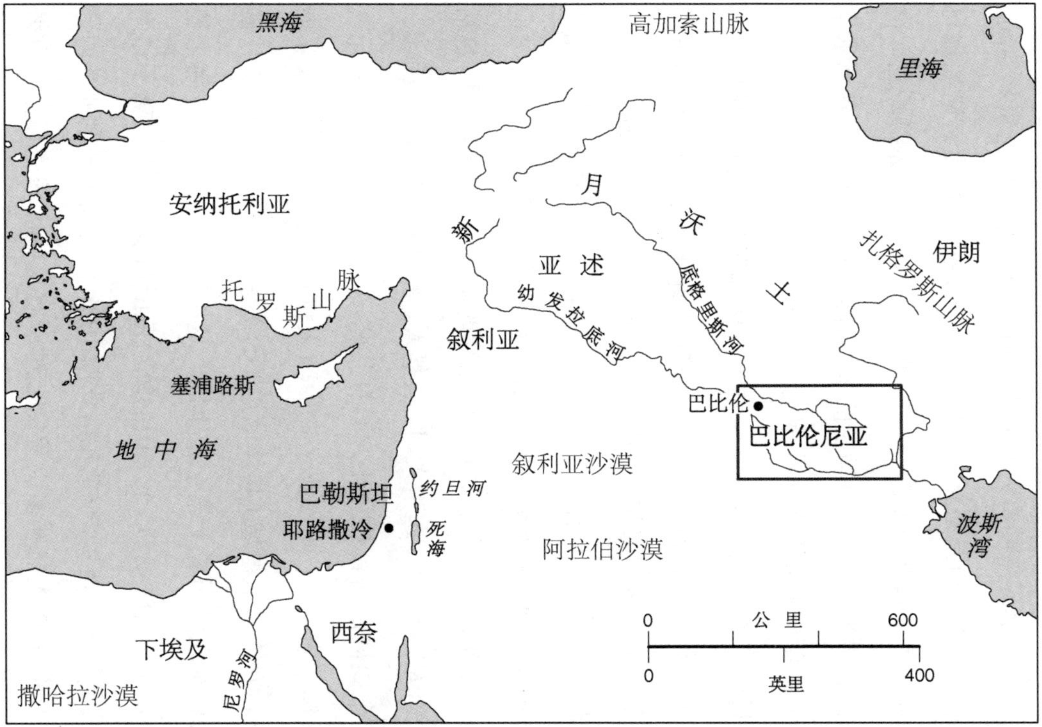

黑海
高加索山脉
里海
安纳托利亚
新
月
沃
土
亚述
扎格罗斯山脉
伊朗
托罗斯山脉
幼发拉底河
底格里斯河
叙利亚
塞浦路斯
巴比伦
巴比伦尼亚
地中海
叙利亚沙漠
巴勒斯坦
约旦河
耶路撒冷
死海
阿拉伯沙漠
波斯湾
0
公里
600
0
英里
400
西奈
下埃及
尼罗河
撒哈拉沙漠

图1　古代近东世界

称为“早王朝时期”，其历史可以追溯至约公元前2900年到公元前2334年之间，这是一个物质极为繁荣的时期，主要归功于苏美尔人对于自然环境的有效开发以及他们所从事的广泛贸易活动。（当时贸易的出现是必然的，因为在这一地区几乎没有诸如木材和金属之类的自然资源。）这个时期，苏美尔人在艺术领域也取得了杰出的成就，这一点从乌尔的王室墓穴中出土的苏美尔艺术家和工匠们制作的著名艺术品便可见一斑。

随着一个新政权在美索不达米亚南部偏北地区的崛起，早王朝时期结束了。在整个苏美尔时期，或者保守一点说，在苏美尔时期的绝大部分岁月里，美索不达米亚南部还居住着另外一个民族，他们是闪米特人的后裔。这个民族的名字来源于诺亚的儿子闪（Shem），而“闪米特”（Semite，形容词是Semitic）是公元18世纪创造出来的一个新词，用来指亚洲西部几个重要的族群，包括巴比伦人、亚述人、迦南人、腓尼基人、希伯来人以及阿拉伯人。这几个族群在语言和文化方面有某些显著的相似之处。公元前2334年左右，一个叫作萨尔贡的闪米特首领在美索不达米亚南部偏北方的阿卡德城（具体地点不详）建立了一个统治王朝，确立了近东地区历史上第一个王国。这个王国的名字叫作阿卡德王国。在鼎盛时期，这个王国的统治范围拓展到整个美索不达米亚，北至库尔德斯坦，东抵扎格罗斯山脉，西达安纳托利亚东南部（不过，阿卡德人能在多大程度上对所有这些区域施行直接有效的控制，我们并不确定）。

诸多因素导致阿卡德王国在约公元前2193年衰落。随后短短百年之内，另外一个帝国崛起。这个帝国以美索不达米亚最南端的乌尔城为根基发展而来，由乌尔-纳姆在约公元前2112年建立，被称为乌尔第三王朝。其统治范围包含了整个美索不达米亚南部，还包括底格里斯河东部很多臣服的领土。但是，乌尔第三王朝的寿命比之前的阿卡德王国还要短一些。约公元前2004年，它被来自伊朗西部的埃兰入侵者征服。

巴比伦在青铜时代早期的传奇中没有扮演什么重要角色。实际上，有关它的书面记载一直到约公元前2200年阿卡德王国统治时期才出现。那时的巴比伦城至少有两座庙宇。接下来，它成为乌尔第三王朝的一个省级行政中心。但是，此时距巴比伦真正崛起为一座重要城市，还有约莫150年。公元前1880年左右，一个叫作苏穆-拉-埃尔的人在巴比伦建立了一个王朝。在这个王朝第五任国王汉谟拉比（Hammurabi，也称Hammurapi）统治时期，巴比伦成为近东地区一个重要王国的中心。在这座城市漫长的历史上，这还是第一次。

我们将会在后面的章节中详细讲述汉谟拉比的统治（公元前1792—公元前1750）。但首先，我们来看一下“巴比伦”和“巴比伦尼亚”这两个名字。在阿卡德时期，巴比伦叫作“巴比-伊利姆”（Bāb-ilim），意思是“神之门”。巴比伦在苏美尔语中的名字“卡-丁基拉”（Ka-dingirra）也是同样的含义。我们已无从得知哪一个名字出现得更早，但是阿卡德时期的名字“巴比-伊利姆”在古代历史上被广泛认可。“巴比伦”这个希腊语名字就来源于此。而在希伯来语中，这个城市被称为“巴别”（Bābel）。

显而易见，“巴比伦尼亚”这个名称来源于“巴比伦”，它并不是一个久已有之的名字。现代学者用这个词来指代自巴比伦城首次占据重要地位起，尤其是自汉谟拉比统治起的美索不达米亚南部地区。然而，还有一部分学者认为，只有从青铜时代晚期的加喜特王朝统治时期开始，这片区域才能被称为“巴比伦尼亚”——因为只有从那时起，这个名字才成为地缘政治学上一个连贯的单元，而且在之后的古代历史中也基本如此。甚至到后来，在亚述、波斯和罗马等外来势力统治这片区域时，人们也沿用了“巴比伦尼亚”这个名称。然而，汉谟拉比王朝，或者更具体地说汉谟拉比本人统治时期，才是我们这本书关于美索不达米亚南部地区，即“巴比伦尼亚”历史之旅的便捷起点。

如前所述，本书历史之旅的起点是汉谟拉比统治的古巴比伦王国。第二站是历史上第二个伟大的巴比伦王国，由加喜特人统治。经过相当长一段时间的寂寂无闻后，作为新巴比伦帝国的国都，巴比伦璀璨的光芒比历史上任何一个时期都耀眼。此时，尼布甲尼撒二世（公元前604—公元前562）成为近东地区权力最大的国王。接下来，我们将先后来到波斯人和马其顿人统治时期，后者的统治以公元前323年亚历山大大帝在巴比伦的死亡而告终。在随后的希腊化时期，巴比伦尼亚成为塞琉古帝国的一部分。我们历史之旅的终点是罗马帝国时期。这时的巴比伦城几乎已成为荒无人烟的废墟。公元2世纪早期，罗马皇帝图拉真来到这里凭吊亚历山大大帝，展现在他眼前的巴比伦城就是这样一幅景象。

第一章

古巴比伦尼亚时期

（约公元前 1880—公元前 1595）

公元前2千纪早期的民族与王国

汉谟拉比王朝，以及那个时代大部分巴比伦和巴比伦尼亚其他城市的居民，实际上都属于近东地区最强大、分布范围最广的民族之一。他们被称为阿摩利人。这个名字为我们所熟知，是因为它出现在《圣经·旧约》所列出的国家名字里（如《申命记》20:16—17）。但是，《圣经》中的阿摩利人和早期历史资料中提到的阿摩利人可能不完全一样，而只是间接相关。阿摩利人说的语言是一种闪米特语，他们最初是游牧民族，生活在叙利亚和巴勒斯坦的大部分地区，后来为了给牛羊寻找新的草地而逐渐向东迁移，跨过幼发拉底河，进入美索不达米亚南部。这些游牧民族中的一部分人在接下来的几个世纪里依然保持着传统的游牧生活方式，而另外一部分人搬入城市之后便很快适应了比较稳定的定居生活。这一点在叙利亚北部城市埃布拉所出土的公元前24世纪的文字史料中有所记载（在本书中，在涉及古代历史的语境时，我们用“叙利亚”这个术语指代位于幼发拉底河和地中海东海岸之间的地区）。

近东地区公元前3千纪的第一代强大王国衰败之后，在公元前2千纪的前几百年里，阿摩利人的首领开始在美索不达米亚和叙利亚建立属于自己的王国。在这些王国之中，比较重要的有阿摩利首领沙姆希–阿杜（Samsi-Addu，阿卡德语中叫沙姆希–阿达德，Shamshi-Adad）在公元前18世纪早期建立的上美索不达米亚王国。该王国的传统首都是底格里斯河畔的阿舒尔。沙姆希–阿杜还在底格里斯河边离阿舒尔不远的城市埃卡拉图姆（具体位置不详）和幼发拉底河中段西岸的马里设立了副王位。同一时期，阿摩利人所建立的其他王国也在崛起，这些王国包括阿摩利首领苏穆–埃普在叙利亚建立的亚姆哈德王国，其首都是阿勒颇。再往南还有奥龙特斯河东部的卡特纳王国。

除了以上提到的王国之外，这一时期叙利亚和美索不达米亚的政治局势中，比较突出的还有美索不达米亚南部的三个王国。伊辛和拉尔萨是其中出现较早的两个王国。这两个国家都试图填补乌尔第三王朝衰败之后留下的权力空白，因而成了宿敌。经过了一系列长时间的较量，拉尔萨在国王瑞姆–辛统治期间获得了最后胜利。他于约公元前1794年打败对手，将伊辛王国纳入他的统治范围。在这之后的三十多年里，瑞姆–辛在这一地区享有至高无上的权力。但是最后，他强大的邻居——巴比伦王国的汉谟拉比推翻了其统治（约公元前1763年），占领了拉尔萨。

汉谟拉比及其之前的历代君主

汉谟拉比统治时期是他的王朝在近东地区，尤其是幼发拉底河中部区域和美索不达米亚南部地区的权力鼎盛时期（见图2）。在巴比伦尼亚人的传说中，阿摩利游牧民族的一位首领苏穆-阿布姆（约公元前1894—公元前1881）被认为是汉谟拉比王朝的创建者。苏穆-阿布姆在他所生活的那个时代拥有很高的声望，在后世也备受尊重。很有可能就是在他的带领下，阿摩利人的这一分支声望日隆，后来建立了巴比伦王国。但是，因为苏穆-阿布姆本人从来没有在巴比伦居住过，学者们更倾向于认为其继任者苏穆-拉-埃尔（约公元前1880—公元前1845）是巴比伦王国的真正创立者。一般认为，苏穆-拉-埃尔的功绩是修建了一座王宫并构筑了城邦周围宏大的防御工事。巴比伦王国早期的其他国王则下令在城邦内修筑了新的运河。然而，古巴比伦统治者所修建的最宏伟的运河位于乡村农业地区。这些水道是巴比伦尼亚的命脉，是国家未来发展和繁荣不可或缺的基础。

但是，从苏穆-拉-埃尔即位一直到他的第三任继承者，即汉谟拉比的父亲辛-穆巴利特在约公元前1793年去世之前，在将近九十年的时间里，巴比伦在近东世界仍然是一个相对无足轻重的角色。这一时期，伊辛和拉尔萨是美索不达米亚南部地区的主要势力，而位于迪亚拉河谷的埃什南纳以及伊朗西南部的埃兰则是这一时代新生的重要力量。但是，虽然所有这些国家对巴比伦王国的存在不断地造成威胁，这个由辛-穆巴利特统治的面积不大的区域（大约不到1万平方公里）被汉谟拉比继承时已经发展得颇具规模。王国内部政治稳定，经济相对繁荣，而且由于城防大大巩固，在有外来者攻击时也比较安全。

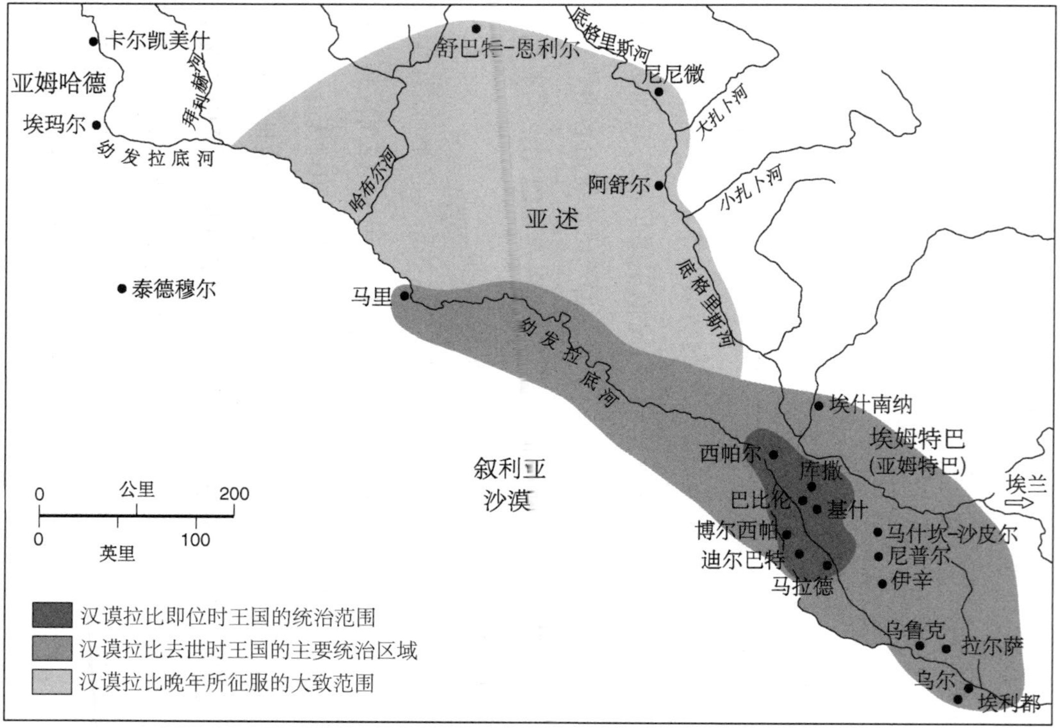

图2　汉谟拉比统治下的王国

即便如此，王国仍面临重重危机。在这个时代，要想生存下来，就需要和这个地区更强大的力量结成同盟（有时甚至是向其臣服）。对巴比伦而言，北有沙姆希-阿杜的上美索不达米亚王国，南有瑞姆-辛统治的拉尔萨王国对其虎视眈眈。因此，和这两个强大的邻国在政治和军事上结成联盟是个明智之举，这样既能赢得他们的好感，又能获得他们的保护，从而免受同时代其他势力的侵犯。这一举措让汉谟拉比有了足够的喘息空间，可以在其父打造好的经济基础之上继续进行建设，挖掘运河，巩固首都的防御工事。与此同时，他还修缮已有的神庙、建设新的神庙。汉谟拉比还对王国的书吏抄写中心给予大力支持，这一做法在当时有助于提升王国的统治效率。此外，他还进行了社会改革。这些措施进一步促进了王国内部的稳定。汉谟拉比通过建设和司法活动，向人们展示了一位国王应该承担的两项最重要的职责——一是进行建设，二是进行社会改革。

在其统治初期，汉谟拉比应该就已经梦想着要成为一位伟大的军事统领。保护并巩固已有领土是他头等重要的任务。不过，在即位的第六年，汉谟拉比的扩张野心便已有所体现，他突袭了当时属于拉尔萨王国的伊辛和乌鲁克城，在军事方面初露锋芒。在接下来的几年里，他还针对同一区域的其他城邦开展了进一步的军事行动。到了其统治中期，汉谟拉比已经毫无疑问地成为那个时代重要的统治者之一。这一点在当时兹姆里-利姆所统治的马里城邦中一位宫廷官员写给国王封臣的信中可以得到证实。信的一部分内容是这样的：“没有人可以独揽这片土地的统治权。

现今的局势是，巴比伦的汉谟拉比有十到十五位国王追随，拉尔萨的瑞姆-辛、埃什南纳的伊巴-皮-埃尔、卡特纳的阿穆-皮-埃尔，也都有十到十五位国王臣服。亚姆哈德王国的亚瑞姆-利姆则有二十位国王归顺。”

除了这五个王国，我们还应该加上马里。后来官方的说法中也包含了马里，还有东部的埃兰王国。在那个时代，埃兰王国的统治者应该是所有王国中最强大的。在马里和埃兰之间的土地上，不同城邦的统治者们控制了从叙利亚西部一直到美索不达米亚和伊朗西南部的广袤土地。当时，如果其中一个统治者入侵其他国家，那么就很可能引发其余国家的联合对抗。这形成了一个相当有效的保障，确保了整个地区的相对和平与稳定。最终，汉谟拉比在精明而机智地与这位或者那位国王结成一系列的盟友后，做好了准备，将以防御为主的策略转变为攻击为主的扩张主义军事行动。这一转折点发生在这位国王即位三十年之后的公元前1763年。

这一年，汉谟拉比遭到了埃兰人领导的同盟军的抵抗，其中包括来自埃什南纳的军队。汉谟拉比击败这一同盟，获得底格里斯河区域一大片狭长土地的控制权。第二年，他攻克埃什南纳。大约也是在此时，汉谟拉比指挥军队向拉尔萨进军，他的托辞是拉尔萨在他向埃兰人开战时拒绝为他提供支持。围城六个月后，汉谟拉比占领了拉尔萨。就这样，拉尔萨最辉煌的统治者瑞姆-辛的漫长统治结束了，瑞姆-辛本人也沦为汉谟拉比的阶下囚。汉谟拉比放过了拉尔萨城以及城中的居民和建筑，只是拆除了拉尔萨的防御工事。这样，拉尔萨，还有所有向其臣服的领土，包括伊辛、乌尔和乌鲁克，都成为快速扩张的巴比伦王国不可或缺的组成部分。但是汉谟拉比的扩张行动还没有就此打住。

随后，他将注意力转向幼发拉底河西岸，指挥军队向马里王国进军，占领了它的首都。汉谟拉比和他的军队在那里驻扎了几个月，这让他们有足够的时间来洗劫城中的大部分财物并运回巴比伦。然后，他下令将那里重要的建筑付之一炬。到此时为止，没有依附于巴比伦而依然保持独立的重要国家只剩下叙利亚西部的亚姆哈德王国（阿勒颇）和卡特纳王国。这两个王国远离汉谟拉比的统治基地，因此可以免受巴比伦人入侵的严重威胁。

晚年的汉谟拉比似乎针对美索不达米亚北部地区展开了至少两次军事行动。据推测，在这两次行动中，他的军队一路打到原来的上美索不达米亚王国北部。虽然最后汉谟拉比可能没能赢得对这些区域的绝对控制权，但在其统治的最后十年，汉谟拉比在军事方面的成就已经毫无疑问使他成为美索不达米亚最强大的国王。事实上，汉谟拉比曾吹嘘说，自己是“让世界四方都臣服的王”。这种说法虽然明显有夸张成分，但在那个时期，在政治和军事力量方面，似乎只有控制幼发拉底河和地中海之间大部分区域的亚姆哈德国王才能与他匹敌。这两位国王共同享有近东世界毫无疑问的统治权。

汉谟拉比的继承者们

汉谟拉比有五任继承者，每一位统治时期都很长。在他们的统治下，汉谟拉比所建立的王朝又持续了155年。但是，这位伟大人物去世后的几年里，巴比伦王朝已经开始有衰败的迹象。在汉谟拉比的继任者，其子萨姆苏-伊鲁纳（约公元前1749—公元前1712）统治期间，这一迹象非常明显。萨姆苏-伊鲁纳在汉谟拉比去世前的几年里已经承担起一部分国王的责任。他似乎也是一位勤勉尽责、精力旺盛的国王，努力想维持其父为巴比伦所赢得的地位和权力，并在此基础上进一步大展拳脚。因此，他在马里以北的幼发拉底河沿岸继续采取一系列军事行动，暂时吞并了那里新发展起来的一个名叫哈纳的王国。当时，这个王国的统治者曾经试图填补马里衰落之后该区域留下的权力真空。

但是，在萨姆苏-伊鲁纳统治的第十年，在巴比伦王国的其他地方，尤其在南部区域出现了严重的问题。他统治第十年和第十一年间的文字史料显示，国王已经失去了对南方几个城市的控制权（据推测，这是环境和政治原因所导致），其中可能包括圣城尼普尔。最南端的乌尔城也不再由他统治。巴比伦尼亚北部在萨姆苏-伊鲁纳的管理下似乎保持了稳定和繁荣，而且事实上这些城市还为来自巴比伦尼亚南部城市的难民提供了新的住所。但是在南方，政治动荡仍在继续，不断有人暴动。在王国东北部以及东部边境地区也有暴动发生。这种情况在萨姆苏-伊鲁纳后来统治期间一直如此。在他死后，情况也未能好转。

上述状况的产生是由于巴比伦尼亚出现了新的部落，或者至少可以说这些新部落的出现让原来的情况雪上加霜。这些部落中比较引人注目的是从东部迁徙而来的一个以养马为生的部落。

他们最初占领了底格里斯河区域的部分地区，然后散居于巴比伦尼亚各处，最远到达幼发拉底河中部。这个部落的人在巴比伦尼亚的渗透过程总体上似乎是和平的。在当时的文字史料记载中，他们是以雇佣兵和农业庄园雇佣劳动力的身份出现的，有时候他们自己也是资产的购买者。但是，这个部落的人后来也卷入了与巴比伦尼亚人的冲突中，这一点在萨姆苏-伊鲁纳和他的继任者，其子阿比-埃舒统治期间的文书中也有所提及。这个部落的人被称作加喜特人。

在萨姆苏-伊鲁纳统治的最后几年，王国还面临另外一个严重的威胁——这一威胁来自巴比伦尼亚最南端的沼泽地区。在这里崛起了一个叫作海国第一王朝的政权。由于他们的出现，在萨姆苏-伊鲁纳和阿比-埃舒统治期间，巴比伦尼亚南部原本混乱的局势更加麻烦不断。他们可能曾经一度控制了巴比伦尼亚北部的部分领土。

古巴比伦王朝的最后三位国王似乎也和他们的先辈一样，兢兢业业地履行着国王的职责——修建和维护运河体系，加强城市的防御工事，消灭叛乱，等等。可惜，他们之中没有一个人能够扭转巴比伦王国衰败的命运。但是，他们确实继续掌握着对巴比伦尼亚北部领土和城市的控制权。而且，在这几位国王的积极推动和鼓励之下，在这些城市里，科学（包括数学）和艺术似乎相对繁盛起来。当时，在国王的支持下新建了几个书吏抄写中心便是证明。王朝的最后三位国王还在巴比伦和其他城市新建或者修缮了神庙和庇护所，尤其是供奉主神马尔都克的神庙，履行了自己的宗教职责。他们还认真负责地维持了自己作为正义守护人的身份，在统治期间颁布了“正义敕令”。这些敕令特别涉及社会改革，其目的是为那些无法偿还债务的人减轻负担。

古巴比伦王国的历史在公元前16世纪初期进入了终章。公元前1595年左右，赫梯王国国王穆尔西里一世在叙利亚北部大获全胜，消灭了阿勒颇王国，此后继续前进，一鼓作气进军到幼发拉底河东岸，随即一路向南，打到了巴比伦。此时，统治巴比伦的是萨姆苏-狄塔纳，汉谟拉比王朝的末代君主。穆尔西里包围了王朝的首都，攻陷并洗劫了城市，毫不留情地将其毁灭。古巴比伦王国的统治就此结束。

第二章

《汉谟拉比法令》[①] 视角下巴比伦尼亚社会状况一览

为使强不凌弱，为使孤寡各得其所，在其首领为安努与恩利尔所赞扬之巴比伦城，在其根基与天地共始终之神庙埃·沙吉剌，为使国中法庭便于审讯，为使国中宣判便于决定，为使受害之人得伸正义，我以我的金玉良言铭刻于我的石柱上，并置于我的肖像亦即公正之王的肖像之前。[②]

（摘自《汉谟拉比法令》结语）

汉谟拉比的石碑

公元1901年至1902年，法国考古队在位于伊朗西北部的古埃兰王国首都苏萨古城进行考古发掘时出土了一个高约2.2米的壮观石碑（石柱）。石碑由一种叫作闪长岩的黑色岩石雕刻而成（见图3）。石碑的正反两面都刻有文字，长度有数百行。文字上

① 作者在本章后半部分指出，现代学者已经不用法典（Code）来指代汉谟拉比所颁布的法律（Law），因此译者将Hammurabi's Laws这一专有名词译为《汉谟拉比法令》。——译注

② 该译文引自林志纯先生主编的《世界通史资料选辑》上古部分（商务印书馆1963年版），本书将埃·沙吉剌译为埃萨吉拉。——译注

图3 《汉谟拉比法令》石碑上的汉谟拉比与正义之神沙玛什

方是雕像，刻画的是一个端坐在宝座上的神祇和一个站立在他面前的人，画面占据石碑正面上端的三分之一。这块石碑曾是一件宝贵的战利品。公元前12世纪，一位埃兰国王征服洗劫美索不达米亚之后将其带回了都城苏萨。

石碑上雕刻的神祇是掌管正义之神沙玛什；站立在他面前的是这位神明在人间的代表——巴比伦国王汉谟拉比。他正从神祇手中接过由一个测量杖和一段盘绕成圈的绳子构成的象征王权的“权杖之环”。

石碑上刻有一系列法令，主要规定了汉谟拉比作为其国民的庇护者，尤其是弱小无助国民的保护者的角色。碑文用一种古老的文字书写而成，这种书写系统可以追溯至几个世纪以前阿卡德国王发布书面公告时所使用的语言。碑文最初包含约275至300条法令，正文前后另有前言和结语。我们之所以无法确定法令条目的确切数量，是因为石碑正面文字的最后七栏被埃兰人抹去了。然而，通过《汉谟拉比法令》现存的众多副本和复制品，我们还是可以确定缺失条款的几乎全部内容。

法国考古队将汉谟拉比的石碑从苏萨运到巴黎。这块石碑现展览于卢浮宫内。在汉谟拉比所统治的王国，也许在每一座重要的神庙内，都曾依照国王的命令竖立起刻有《汉谟拉比法令》的石柱，展览于卢浮宫的这个石柱仅是当年其中一个而已。然而，其他石柱都未能留存下来，尤其未能原地不动地留存——虽然法国考古队也曾在苏萨古城发现了两块疑似石柱的残片。但是，《汉谟拉比法令》具体条文的复制品，或者其中的部分文字，确实以或好或差的不同状态留存下来，出土于美索不达米亚各地的遗址中。这些复制品，有的可以追溯至汉谟拉比时期，有的可以追溯至其继任者统治时期，还有一些则属于更晚的时代——事实上，甚至还有一些复制品出现于公元前6世纪和公元前7世纪的新亚述帝国时期和新巴比伦王朝时期。

但这并不意味着在那几百年中，该法令中的条款一直有效，或者具有什么法律上的地位（至于该法令本身在颁布之初有什么效力或者地位，我们稍后会论及）。事实上，在古巴比伦尼亚世界之后出现的古王国和文明中，该法令曾被当作书吏抄写文库中的一部文学经典。在后来的几个世纪中，它们成为书吏教育不可或缺的一部分，这样便确保了这些法令可以被历代书吏一而再，再而三地重复抄写，就这样，这些来自不同时代的抄本或者残片才得以一直流传到今天。

《汉谟拉比法令》的性质和内容

在汉谟拉比漫长统治的最后几年，有可能是在其统治的第39年（即公元前1750年代末期），包含前言和结语的《汉谟拉比法令》经过编纂后被公布于世。在前言和结语中，尤其是在结语中，汉谟拉比着重强调了他在巴比伦王国的土地上弘扬正义、保护社会弱势群体的角色。这些弱势群体，比如孤儿和寡妇，最易遭到剥削和违法行为的侵害。汉谟拉比肩负的神圣职责还要求他成为一位伟大的建设者，《汉谟拉比法令》的前言告诉我们他是如何履行这一职责的：他对治下的城市，尤其是城中的神殿、神庙和圣所进行了修整和重建。但首先，汉谟拉比呈现给我们的形象是一位以公正、智慧和同情统治人民的国王。

在其统治最早期，汉谟拉比便强调这是一国之君的首要职责。他即位的第二年便宣称自己在这一年“以正义统治了国家”。这里的“正义”是从巴比伦语中的“正义敕令”一词翻译过来的。这是国王定期发布的一项王室法令，其目的是减轻人民的社会和经济负担。在人们普遍有债务负担，从而威胁到整个社会的经济稳定时，国王便会宣布免除债务。他宣称，在人民感受到压力而急需保护的时候，向他们提供保护是国王应尽的责任。正义敕令便是这样一个具体的例子。汉谟拉比在他统治的第22年再次颁布了正义敕令。从萨姆苏-伊鲁纳开始，汉谟拉比王朝的继任者们也会定期颁布这种正义敕令。

支撑《汉谟拉比法令》的整体观念和意识其实本身并没有很强的革新性。这些法令很大程度上是受到以前三位国王所编纂的法律条文的启发，《汉谟拉比法令》中有些条文就是对前人那些法律条文的仿效。这三位国王分别是乌尔第三王朝的乌尔-纳姆、伊辛王朝的利皮特-伊什塔尔和埃什南纳的国王达图沙。和《汉谟拉比法令》一样，这些国王所颁布的法律条文也都体现出对弱小无助者的关怀。因此，从这一角度来说，汉谟拉比是在沿袭一个业已形成的传统来进行法律改革。他甚至在法令中采用形式相似的措辞。和前面提到的三位国王一样，《汉谟拉比法令》中的条文是用以下条件陈述句来表达的：倘若（某人做了/承受了某事），则（会产生某种后果）。可以说，在内容上以及表达形式上，汉谟拉比的许多条文都维持了久已有之的法律传统。

但是，还有一些法令和前人制定的条款不同。其中最显著的例子就是那些体现“同态复仇”原则的法令，即为了复仇而复仇。或者借用《圣经》中的说法，就是“以眼还眼，以牙还牙”。因此，倘若一个泥瓦匠为别人盖了一栋房子，但工程不够牢固，导致房屋坍塌下来砸死了屋主，那么这个泥瓦匠应被处死（《汉谟拉比法令》，以下简称《法令》，第229条）。倘若被砸死的是房主的儿子，则应处死泥瓦匠的儿子（《法令》第230条）。这类条款的雏形可以追溯至阿摩利社会较早的游牧部落时期。那个时候，对于同态复仇类型的惩罚也许是弘扬正义的常规方式。我们无法确定在古巴比伦社会的城邦中这种同态复仇原则是否真正按照字面意思去执行，执行的频率又如何。然而，这些法令确实为《圣经·旧约》中的相似法律条款提供了先例。

为了确保在王国中实现公平正义，汉谟拉比所制定的法令覆盖了许多犯罪活动，包括人身侵犯、偷盗、抢劫、过失犯罪以及蓄意杀人等，但还有一些条款涉及社会中的民事和商业活动，比如买卖和租赁不动产，继承遗产，雇用劳工、租赁设备的费用等。此外，尤其因为婚姻及其所产生的结果会牵涉到财产分割和转让这种极为重要的问题，《法令》中还有不少条款与婚姻法规、离婚，以及继承权有关。由于《法令》涉及上述问题以及许多其他事宜，因而折射出那个时期巴比伦社会的大量信息，包括王国的社会结构，农业和经济活动，支撑物质和文化发展的职业和技艺，构成商业活动基础的商品种类，以及奴隶的获得和他们在社会中的作用等。

社会等级制度

《法令》最重要的方面之一是它提供了关于巴比伦尼亚社会等级制度的相关信息。首先，这个社会中有一个等级的人叫作“阿维鲁”。这个词一般被翻译为“自由民”，涵盖了不同社会地位的个人，上自包括书吏在内的精英职业阶层，下至工匠和手艺人。虽然阿维鲁的范畴内明显存在不同的社会等级，但在最为广义的含义中，这个词适用于许多享有自由、独立地位的人。他们通常与宫廷联系紧密，有时会被任命担任宫廷官僚体制内的高阶职位。他们的任职一方面是由于国王的命令，另一方面应该归功于他们自身的能力。但这种官职并不是一种世袭的权利。在巴比伦尼亚社会中，阿维鲁这个词本身不代表贵族阶层的身份，但在某些情况下，人们会用它来指代社会中的精英、特权阶层，所以有时候这个词也会被翻译成“绅士”。

阿维鲁及其家庭从宫廷获得田产，现代学者将此称为“薪俸”（这些田产可能包括庄园中的农田、果园和房舍）。阿维鲁一家从这些田产中获得农产品，这是他们主要的生计。但在获得田产并从中受益的同时，阿维鲁也需要履行义务，为宫廷提供某种形式的产品或服务。其形式不一而足，可以是将田产中一定比例的农产品上交给宫廷，可以是为宫廷直接管理的庄园提供劳动力，也可以通过履行其他职责来为国王服务，比如服兵役等。在许多情况下，薪俸会在同一个家庭内由父亲传给儿子——因此，从这个角度来讲，阿维鲁的职位确实有某种程度的世袭成分。阿维鲁所履行的义务叫作“伊尔库”义务。这种义务与国王所分配的土地份额有关。社会中不同等级的国民为国王提供服务，国王授予他们不同的土地份额。这种服务有时是劳役，有时是兵役。在国王的军队中，为其征战的人通常会获得“伊尔库土地”。军人不出战的时候，这些土地是他们赖以生存的方式。同时，他们还有义务确保自己所获得的土地能够出产尽可能多的粮食，以便为王国总体的粮食生产贡献力量。

在这种制度下，阿维鲁经常会把国王授予自己的土地承包出去，交给其他身份自由但是地位低下的人去耕种。这些人在巴比伦尼亚城镇人口中占比最大。他们被叫作“穆什根努”，这个词经常被翻译为“平民”。但学者伊娃·冯·达索指出，阿维鲁和穆什根努都有可能是富人，也都有可能是穷人，这两种身份的人都可以从王国获得利益或者为其提供服务；两者主要的区别在于，穆什根努阶层没有权力，需要听从官方命令，而阿维鲁阶层则是掌握权力的一方，他们组成议会，成为地方执法官。

穆什根努主要依靠个人资源来谋生，或是被他人雇用成为农业劳工，或是从阿维鲁那里承包土地，成为佃农。他们也可以从宫廷直接承包土地来做佃农。在风调雨顺的年月，土地所产出的农产品也许足够养活穆什根努一家人，他们会有充足的余粮向地主或者土地出租人交租，履行作为佃农的义务。有的穆什根努和阿维鲁一样，直接从国王那里获得土地进行劳作，以养活自己和一家人。作为交换，他们为国王服务，比如直接在宫廷的庄园内工作。但在凶年饥岁，比如常年干旱时，穆什根努就要为生存而挣扎。他们可能会失去经济来源，可能会因为无法向地主交租而负债累累。也许土地租期延长可以让穆什根努有机会弥补赤字，但若接下来几年依然是旱涝连连，这样做只会增加他的债务负担。

有的穆什根努自己拥有土地。但如果土地无法生产出足够的粮食来支撑他的生活，他可能就会被迫将土地抵押出去。显而易见，借债的利率是很高的——比如，银币的借债利率是20%，大麦的借债利率是33.3%。如果这个穆什根努无法偿还借债，就需要把自己的土地交给债主，再从债主手里租赁自己的土地来种。到那时，如果他无法偿付租金，就会背负更加沉重的债务。正是为了应对这种情况，国王有时候会颁布正义敕令，宣布整体上豁免国民的债务，作为一种短期措施来减轻人民大范围的经济困顿——比如，在经年累月的干旱时期或者庄稼歉收时期，国王便会颁布这样的命令。

在没有债务豁免的年份，债务人如果无法向债权人偿还借贷，就不得不将自己和/或家里的其他成员卖给债权人做奴隶。很显然，这种困境并不少见，尤其会影响到穆什根努阶层，因为他们不像阿维鲁阶层那样与宫廷有千丝万缕的联系，无法像他们那样享受宫廷的保护。《法令》中有一个条款将债务人或其家庭成员在债权人家里做奴隶的期限设定为三年（第117条），虽然这个条款可以减轻无限期做债务奴隶为社会经济所带来的灾难性后果，但是它本身并没有改善导致债务奴隶出现的社会环境。在天灾连连的年代，穆什根努是他所从属的社会群体中极为脆弱的一员。

奴　隶

《汉谟拉比法令》中的第三类，也是地位最低的一类人是“瓦尔都”和“阿姆图”，即男性奴隶和女性奴隶。（瓦尔都这个词也用来泛指某个地位较高的人的下级或者对其有服从关系的人。因此，一位高等法院的官员可以被称为国王的“瓦尔都”、“奴隶”或者“仆人”。）除了那些因为无法偿还债务而暂时成为自己同胞债务奴隶的巴比伦人，商人们还可以通过在国外开展贸易获得奴隶，或者进口作为战争战利品的战俘来做奴隶。这些战俘奴隶大部分都成了国王的财产。国王将他们关押在特殊的营房中，在公共建筑项目中将这些奴隶用作劳工，或者指派他们在神庙里工作。还有一些私人奴隶，通过某种独特的“奴隶发绺”作为标记，以便和普通公民区分开来（《法令》第146条）。这些私人奴隶在家庭中会被指派做一些诸如碾磨面粉之类的家务和基本任务。女性奴隶被指派的工作往往是为主人家的各个成员编织衣服。

如前所述，一户家庭中的债务奴隶可能通常本身也是巴比伦人，在主人家服务几年之后便会恢复自由身。其他通过买卖或者作为战利品从巴比伦之外获得的奴隶，则终其一生都是奴隶。他们在主人家里出生的后代，从出生开始也都是奴隶。这些奴隶以及宫廷所拥有的奴隶有时会企图逃跑。《法令》中规定，对于窝藏逃跑奴隶的人会施以严厉的惩罚，而抓获这些奴隶并将他们归还给其主人的人，则会给以奖励（《法令》第16、17条）。然而，私人奴隶的生活似乎也不是那么不可忍受，况且他们也总有获得解放的可能。

阶层内部及阶层之间的婚姻

现在，我们来看看《法令》中的一条公告。它涉及我们前面所讨论的三个阶层。这个条款说，如果一个宫廷奴隶或者平民（即穆什根努）的私人奴隶与阿维鲁阶层的女子结婚，然后生儿育女的话，那么奴隶主人不得将这些孩子当成自己的奴隶（《法令》第175条）。

在《法令》关于婚姻的条款中有一些相当重要的条款，这一条便是其中之一。首先，这些条款都具有实用性，比如彩礼、继承权，以及在离婚或者配偶去世时，那些伴随婚姻而产生的财产（比如新娘的嫁妆）或者婚后所增加的财产的处理问题。这些法律中尤其值得注意的一个方面是它们是针对不同地位的人，即奴隶和自由民之间的婚姻所制定的条款。既然存在专门为这种情况所制定的法律，那么就表明奴隶和自由民之间的婚姻不受法律的阻碍，而且这种婚姻也是真实存在的。我们无法了解的是这种不同阶层之间的婚姻出现的频率。对于这种跨阶层婚姻所带来的明显问题，我们也没有清楚的答案。比如，一个阿维鲁阶层的女子出于何种原因选择和一个奴隶结婚？这个奴隶的主人出于何种原因而同意了这样一门婚事？尤其对于第二个问题，其背后的动机相当值得玩味——因为如果同一个主人所拥有的两个奴隶相结合的话，他们的后代会自动成为这个主人的私有财产，而《法令》中的条款规定，跨越阶层的婚姻双方所养育的后代则会是自由身。

《法令》中的条款（第176条a和b）还进一步规定了阿维鲁阶层的女子嫁给奴隶身份的丈夫之后的情况。她的丈夫可能是宫廷奴隶，也可能是平民所拥有的私人奴隶。妻子在结婚时甚至可能还会带一些嫁妆。那么奴隶身份的丈夫死后，这些嫁妆以及这对夫妻婚姻期间积累下来的财富该怎么处置呢？《法令》说，如果女子结婚时带了嫁妆，那么这些嫁妆应该归还给她，而他们婚姻期间所积累的财产则应该平分，一半给已过世奴隶的主人，另一半给妻子，由她代表婚内所生子女获得。显然，与身份自由的人结婚并不能改变奴隶的身份，但他们的孩子从出生起就是自由身，父亲去世后，在遗产的分配方面也是公平的。

笼统而言，《汉谟拉比法令》中关于婚姻的条款与婚姻约定中的某一部分财产有很大关联。一门婚事至少需要具有某种形式的法律契约才算有效（《法令》第128条）。还有一些条款涉及准新郎在婚前付给他未来岳父的“聘礼”。未来的岳父一旦接受这些聘礼，对于新郎和其准岳父而言都是一种保证，这样双方都会遵守他们之前达成的协议。下聘礼似乎是一个传统的婚前仪式，不过我们无法从《法令》中判断下聘礼这个步骤是不是婚礼的一个常规序曲。另外，新娘带着嫁妆嫁入夫家也是一种风俗。在正常情况下，这些嫁妆会留在她的新家，不受丈夫的支配，也不是丈夫的财产。关于这一点，我们通过《法令》针对婚姻结束时引发的财产分割问题而规定的条款就可以了解。

总的来说，巴比伦人的婚姻是一夫一妻制，夫妻双方都需要忠诚于婚姻，对女方的要求尤其如此。举个例子，如果女方被捉奸在床，那么她和情人都将被“投河”。目前尚不清楚这种惩罚的性质（很明显，这种“投河”的惩罚并不会让他们丧命）。不过，从《法令》第129条来看，如果证实双方都有罪过，那么，如果被背叛的丈夫愿意保全妻子的性命，他就不能要求国王处死妻子的情人。赫梯王国的法典纲要中也有类似的规定。另一方面，如果一个男子指控妻子与他人有染，但是没有证据来证明，那么妻子只需否认这一点便可以被判定无罪，继续留在丈夫家中（《法令》第131条）。但如果另有他人指控该女子与他人同寝，那么很显然她所面临的情况将会不同。在这种情况下，她必须被“投河”，以证明自己的清白（《法令》第132条）。这两个条款似乎反映的都是过去的具体案件，导致这些判决的未知情况肯定比《法令》中那些直白的文字所表明的要复杂得多。

如果妻子没能为丈夫生儿育女，那么丈夫也可能以此为由和妻子离婚。如果是出于这种原因，而妻子在其他方面又无可指摘的话（事实上，即便在生育方面妻子也可能是无辜的那一方，不过《法令》并不承认这种可能性），那么丈夫在把妻子扫地出门（以便给可以生育的另娶之妻让位）之前，必须给予妻子足够的补偿。补偿金额应该与他们当初缔结婚约时丈夫所付的聘金数额相等，另外，他还应该归还妻子的嫁妆（《法令》第138条）。如果女子挥霍无度，对丈夫恶意中伤，想要离弃丈夫，那么她的待遇就与上面的情况相反。丈夫可以直接以此为由，离弃妻子，不给任何补偿便将她扫地出门。倘若丈夫选择不和妻子离婚，也可另外娶妻，将原配妻子贬为家中女奴（《法令》第141条）。但是《法令》也不总是一边倒地支持丈夫。如果丈夫为所欲为，对妻子恶语相向，妻子也可以要求和丈夫离婚。倘若她将丈夫告上法庭，获得法官的支持，那么妻子就会获得许可与丈夫离婚，带着自己的嫁妆返回自己父亲的家里（《法令》第142条）。

《法令》的主要关注点之一是保护社会中的弱势群体，为达到这一目的，《法令》中有若干条款是针对战争中被敌人所俘虏的那些士兵的妻子而制定的。当时的巴比伦很有可能存在一个福利体系，给那些在战争中牺牲或失踪士兵的妻子们提供援助。这一点在《法令》中并未得到证实，但是《法令》确实承认，一些士兵的妻子可能会因为丈夫被俘无法回家而处于困境。在这种情况下，如果妻子穷困无依，她和孩子便可以和其他男子一同生活，这样并不会被判犯法（《法令》第134条）。这条法规的后续条款是，如果被俘的丈夫重获自由后回到家中，那么妻子必须回来和他一起生活。她与其他男子同居期间所生的孩子则会继承其生父的财产（《法令》第135条）。

保护继承人的权利也是《法令》的一个重要关注点。它同样适用于阿维鲁与女奴所生的子女和他与“正房”妻子所生的孩子。如果男子承认女奴为其所生的子女，那么这些子女与“正房”妻子所生的子女对父亲的财产享有同等的继承权，不过，婚生子女中的男孩是“首选继承人”，对于父亲的财产具有优先选择权

（《法令》第170条）。倘若这位父亲不愿正式承认女奴为其所生的孩子，则女奴与其子女在他死后应该被予以释放，不应再成为“正房”妻子家中的奴隶（《法令》第171条）。

正义也分阶层

虽然《法令》的关注点是确保社会中所有成员都能被公正对待，但是汉谟拉比所定义的正义对于其管辖范围内不同阶层的成员并不是一视同仁的。这一点在涉及刑事犯罪的条款中表现得尤其明显。对于罪犯的处罚会根据他所处的阶层和受害者的阶层而定。所以，如果一个阿维鲁弄瞎了另外一个阿维鲁的眼睛或者打断了他的骨头，那么依照同态复仇原则，违法者将面临的处罚是同样被弄瞎眼睛或打断骨头（《法令》第196、197条）。但是，如果一个阿维鲁对一个穆什根努施以同样的伤害，那么他只需面临金钱上的处罚，付出六十谢克尔的银币（《法令》第198条）。如果一个阿维鲁弄瞎了另外一个阿维鲁家奴隶的眼睛，或者打断了这个奴隶的骨头，那么他只需要付出相当于该奴隶价值一半的银币（理论上应该是给奴隶的主人）（《法令》第199条）。如果阿维鲁阶层的一员对同样身份地位的人进行了程度较轻的攻击（条款里专门列出了“掴脸”一项），那么他需要赔偿六十谢克尔的银币（《法令》第203条）。但如果受害者的地位比阿维鲁高，那么对于违法者的惩罚是让其当众受鞭刑（《法令》第202条）。如果一个阿维鲁的奴隶打了另外一位阿维鲁的脸，那么这个奴隶就会被割掉一只耳朵（《法令》第205条）。

巴比伦人获得正义的真正途径是什么？

汉谟拉比命人将无数刻有《法令》的石碑竖立在王国境内的各个城市里，这样做的一个重要原因是确保尽可能多的国民都能够看到这些法令，并且依照这些法令来伸张正义。因此，汉谟拉比在《法令》的结语中说，任何觉得自己在诉讼案件中被冤枉的人都可以来到国王的肖像和石柱前，让人把这些刻在石柱上的条款读给他听。这样他就能明白自己到底有没有受到公正对待。

对于阅读和书写能力有限，或者甚至完全不识字的国民来说，这种做法可以让他们不受学识的限制也能了解国王的公告。汉谟拉比规定，书吏应将《法令》的条款读给那些基本或者完全不识字的人听——就这一点而言，也可以理解为是读给任何人听——这样他们便可以了解《法令》对自己所涉案件的相关规定，获得法律方面的建议。为此咨询者可能需要自行雇人来给自己解读条款。但负责解读《法令》条款的人可能是由宫廷任命的，他们可能依照一个值班表值守在石碑旁，以确保总有一个或者几个人在场，接待常常排队咨询《法令》内容的人群。

然而，这一切在实际中意味着什么？咨询者能不能总是找到与他们想咨询的案件确切相关的一个或者几个条款呢？无论何种情况，针对《法令》提供给他们的信息，他们实际上可以怎么操作呢？首先，现代学者们已经不用“法典”这个词来指代汉谟拉比制定的这些法律了，因为“法典”的含义是一个系统且全面的法规集合，涵盖所有可能出现的刑事和民事性质的法律情形。而事实上，《法令》远远不能涵盖所有的情形（只是提供了一些可能涉及法律诉讼的案件样本），有些条款甚至还相互矛盾。这些法令也没有清晰地划定民法和刑法的界限。更重要的是，它们似乎对王国的法庭没有任何约束力。

这里我们需要强调很重要的一点：这些法令本身只能在部分程度上反映古巴比伦社会的面貌。同时期的法律和行政文件以及通信等在勾勒这个社会的完整面貌方面与《法令》发挥着至少同等重要的作用。这些文件经常向我们提供了巴比伦司法制度在实践中的具体案例。公民个人向包括国王本人在内的负责司法行政的权威写了数百封有关法律事务的信件。数百封国王写给地方长官的信件也留存下来，其中许多是针对提交给他征求意见的案件所下达的指示。法庭就提交法庭裁判的事项所作的判决会被记录下来并转交给胜诉的诉讼当事人，如果这些事项再次成为法律诉讼的主题，日后可以参考。虽然《法令》是本章的重点，但信件以及其他法律和行政文件极大地补充了《法令》所包含的信息——比如，关于巴比伦社会的阶层结构、家庭作为中心在社会中的重要性、与商业贸易有关的规定、财产与继承权，以及奴隶所扮演的角色和他们的待遇。

虽然绝大多数提交给国王法庭的案件是由国王的代表所审理，但国王仍是巴比伦的首席法官。国王本人偶尔也会主持由低一级法庭提交的上诉。许多文件列出了在审理案件和达成审判结果时所遵循的一系列程序。它们向我们提供了了解巴比伦王国日常司法管理制度的一手信息。有时候地方官员会就某个特定案件向国王寻求建议，国王对此所进行的回复也可以在他的许多回信中找到。

举例说明，汉谟拉比的继任者萨姆苏-伊鲁纳处理了两桩由西帕尔的官员提交给他的案件。这两桩案件都与在太阳神沙玛什的神庙中行使某些宗教职责的女性那迪图有关。在其中一桩案件中，负责管理这些那迪图的官员控诉说，有西帕尔人将他们的女儿送入神庙中的隐修院却不给她们提供生活必需品；这些那迪图因此不得不依靠神庙中的储备物资生活。国王在回复中规定，那迪图的亲人此后应该履行义务，只有这样，他们才能将女儿送进或者留在隐修院。不过，国王的回复是通过概括性的词语表达的（和《法令》一样，以“倘若”开头），这样司法部门不仅可以对信中这两件案子做出裁定，未来再有性质相似的情况发生时也有了裁决依据。

《法令》制定的目的

这样我们便回到法律在巴比伦社会中的实际用途这个问题。在回答这个问题之前，我们应该先问一个相关问题：首先，《法令》为什么会把这些条款集中汇编在一起？我们自然而然能想到的一个答案是，它们本质上是一系列法律先例的集合——先审判案子，然后宣布裁决，最后把这些案件和裁决记录下来，以备将来审判时参考。但更重要的是，《法令》最根本的目的是强调汉谟拉比是神祇指定的统治者，他的主要责任是确保正义遍及他所统治的领土，他所有的国民都有权受到法律的庇护。

从实践看，《汉谟拉比法令》不是一本事先拟定好的法庭裁决手册，而是一个指导参考和一套准则——体现正义的重要原则——以便更好地治理社会。的确，《法令》有不少刑罚确实极度严苛，不少罪犯面临死刑或者断肢的惩罚。许多这类刑罚反映的可能是早期阿摩利部落的传统，因为那时候社会结构还很脆弱，那些破坏规则的人可以很轻易地对社会造成伤害。但是，这些法令改变了“权力即正义”的观念，将关注的重点转移到确保社会中所有成员，包括其中最脆弱无助的成员都可以得到保护这一点上。汉谟拉比执政时期着重强调了这一点，其前任在社会改革方面也将这一点当作重中之重。通过汉谟拉比及其前任所做的不懈努力，我们可以明白，在早期社会，这样一种弘扬正义、保护弱小的观念并不可以被简单地视为理所当然。

第三章

古巴比伦尼亚城市

想象一下，如果你坐着时光机回到约4 000年以前，降落在汉谟拉比统治下的都城。那个时候的巴比伦是什么样子呢？

这座城市最初只是幼发拉底河河畔或其某个支流河畔一个小小的定居点。到了汉谟拉比执政时，这里已经有至少700年的历史了。虽然巴比伦的起源可以追溯至公元前3千纪中期，但一直到汉谟拉比统治期间，巴比伦才成为近东世界宏伟的都城之一，迎来了自己的第一个鼎盛时期。

遗憾的是，关于这个时期的巴比伦城，我们能找到的资料少之又少（不过几乎可以确定的是，和后世的巴比伦相比，此时的巴比伦城市规模非常小），这是因为城中许多建筑在后世被拆除重建了，而原来城市仅存的那一小部分，由于地下水位升高，考古学家又很难进行深入探索。在这部分遗址上进行的第一次大规模发掘是由罗伯特·科尔德威指导下的德国东方学会在1899年至1917年之间进行的，他们的发掘工作主要集中在遗址的上层区域，其中最引人注目的是对于新巴比伦帝国遗址的发掘。那时的巴比伦是尼布甲尼撒二世统治时期的首都。

1907年至1932年间，对于古巴比伦城的发掘在一个叫作莫克斯的区域继续进行。这个地方是我们现在称为"东方新城"区域的一部分，紧邻巴比伦城最核心的区域。在那里，考古队发现了几栋房子的遗迹，并从房子里找到了几块泥板。除此之外，对于汉谟拉比统治时期的巴比伦城，我们通过考古研究能够了解的并不多。整个王国的行政管理中心，即汉谟拉比的王宫似乎不翼而飞了。我们通过文献资料了解到，这时的巴比伦和同时期大多数巴比伦尼亚的城市一样，有城墙环卫，城内还建有多座神庙，这一点可以通过汉谟拉比王朝各个国王的年名表①得到证明。这些神庙包括了巴比伦最重要的宗教建筑群埃萨吉拉神庙，此外还有供奉其他神明的神庙，其中较为重要的有恩利尔神庙、马尔都克神庙、沙玛什神庙、伊什塔尔神庙以及阿达德神庙等。

但是这些神庙没能留下任何痕迹，至少目前考古学家们还没能发掘到任何相关的遗迹。实际上，关于巴比伦城市本身的证据也极度匮乏。虽然整体而言古巴比伦时期是一个已被充分证实的时期，但我们所知道的关于巴比伦和巴比伦尼亚最重要的知识却来自王国内的其他遗迹——以及来自巴比伦尼亚之外的其他城市和王国。这些知识包括一些书面记录，其中最著名的当然是在埃兰王国古城苏萨所发掘的汉谟拉比石碑本身。通过王国内的其他城市遗迹，主要是南部的乌尔城和乌鲁克城的遗迹，我们对古巴比伦尼亚的城市样貌有了更多的了解。

乌尔城是公元前3千纪晚期出现的乌尔第三王朝的都城。在

---

① 两河流域历史上，历代统治者有以当年最为重要的事件为本年度命名的传统。例如，汉谟拉比在位第六年的年名是"汉谟拉比为宁吉尔苏制造宝座之年"。——译注

整个古巴比伦时期，这里一直是重要的宗教和商业中心。在这一时期，人们对乌尔城的宗教建筑群进行了许多修缮工作，新的居住区也在发展形成。通过对乌尔城以及尼普尔城的考古发掘，我们可以相当清楚地了解到古巴比伦时代巴比伦尼亚主要城市的面貌。虽然早期的考古学家们曾经得出结论说这些城市是常规的棋盘布局，城市里笔直的大街相互交叉，但后来的考古证据表明这两座城市的主要街道是狭窄而曲折的，这些街道与拥挤、嘈杂的小街和窄巷相连，当地居民需要穿过这些街巷才能进入自己的住宅街区里。

住宅区的房子一般用未经焙烧而由太阳晒干之后的泥砖盖成。在一些较为高档的住宅中，靠近地基部分的墙壁则会使用焙烧过的砖头，这样房屋便不会被侵蚀。这些房屋通常彼此紧挨着，它们的界墙靠在一起，房屋的主人通过一扇狭窄的门出街入巷。而建在莫克斯地区的富裕人家的房子以及建在巴比伦尼亚其他城市类似公共区域的房子，会与较宽的街道乃至公共广场相连。但这些房子的四周会围起光秃秃的墙壁与外界隔绝，墙壁上不开窗户——一方面可与熙熙攘攘的过路者隔开，保证安全，另一方面也可阻隔热浪与尘土。作为对封闭空间的弥补，整栋建筑的内部会包含至少一个院子（一些大的住宅会有两到三个院子），院子的各个方向都可建供人居住的房屋。为对抗风吹雨打，房屋的屋顶会建造成水平的，屋顶上铺设一层编织的芦苇，上面再覆以稻草与黏土混合而成的覆盖物。

很显然，由于所使用的建筑材料问题，巴比伦的大部分房子极易受到天气状况和其他环境因素的影响，因此每年进行一次彻底翻新——重新抹灰——非常必要。显而易见，木材在巴比伦是一种昂贵的商品（因为树木在巴比伦非常少见），只是作为屋门的嵌板偶尔使用。露天的院子为房屋提供了光线，让空气流通，还可以同时作为娱乐和工作的场所。哈里特·克劳福德指出，在乌尔出土的不同房屋在尺寸上有很大的不同，从9.68到19.25平方英尺不等（在尼普尔也大致如此）。毫无疑问，不同房屋之间尺寸的差别反映的是房屋主人在经济状况和社会地位上的差别。但是，大房子所发挥的作用不仅仅是展示主人的财富和地位，它们还可以用作屋主所从事的各行业的总部。

有时候，居住区内会有大小不同的房子彼此相连或者相邻。因此，有人认为居住区域划分的依据并不是社会阶层或者富裕程度，相反，城市各区域内不同大小的房屋组成的聚集区居住的是有亲属关系的家族。作为一种家庭传统，他们可能从事同样的行业或生意。

如果你有机会品尝到古巴比伦人售卖的所有食品的话，你会发现他们的饮食丰富而多样。这里有大量的鱼类，有时鱼贩子还会卖虾或者小龙虾，其他摊贩会出售不同品种的水果（比如椰枣、无花果、苹果和石榴等）、鸭蛋，还有蔬菜（比如莴苣、黄瓜、洋葱、鹰嘴豆以及萝卜等）。市场上供应的还有肉类，比如牛肉、绵羊肉和山羊肉等——但肉类没有那么普遍，在巴比伦人的饮食中也是相对比较昂贵的食材。在当季的时候，蝗虫会被做成发酵的酱，给人们的饮食增添更多滋味和花样。所有这些食物都可以佐以一杯当地出产的啤酒。在特殊的场合，人们可能还会喝从美索不达米亚北部进口的（当然价格不菲的）红酒。这些饮品中还可以加入香草和调味料，这样喝起来会更有滋味。

城市里大小商人、手艺人以及从事其他活动谋生的人，日常大部分生意都是在城门附近进行的。他们的摊位通常就设在城门内外的市场，这里是人们进行大部分社交活动的中心。可以想象，这里尤其是城内居民与巴比伦尼亚其他地区乃至更遥远地区的旅行者之间交际活动的主要场所。这些旅行者从事的是贸易行业或者其他活动，他们也许是城中家族生意派出去远行的代表，现在回到家中。他们会分享旅途中的见闻，这些新鲜事总能在他们归来时为他们赢得热烈的欢迎。

城门是城市防御的一个重要部分。大部分城市都建有雄伟壮观的护城防御工事。城市人口的绝大部分要么住在城墙外周边的定居点，要么作为佃农、土地受让人、土地所有者的雇员等在城外的土地或者庄园里工作。巴比伦的土地所有者们包括宫廷成员或者代表国王对城市进行统治的地方官员。他们的耕地，包括果园以及枣椰树种植园在内，会一直延伸到城墙脚下。实际上，有时候城墙内部的区域也会有耕地。对于那些居住在城墙之外的外围“郊区”的人口而言，在敌人进犯时，有一个警报系统会向他们发出警戒，这些“郊区人口”才有希望及时拖家带口、赶着牲畜转移到城墙之内，或者藏身到附近的防御工事中临时避难。

从社会角度、商业角度以及战略角度来讲，城门是一个城市防御系统中最为独特的地方。但是面对敌人的攻击，城门也可能是整个防御系统中最脆弱的部分，因为一支军队包围城市后，即使未能攻破城门或者通过其他方式攻破城墙，他们也可以封锁城门，阻止人员和商品出入城市。如果成功封锁城门，最后就可以迫使城内的人因为没有办法得到生活必需品而投降。在巴比伦尼亚，有的城门会建在城市朝向陆地的一边，也有的城门会建在城市的主要河道或者港口旁。

在巴比伦尼亚，所有重要的城市中心要么建在两条主要河流即底格里斯河和幼发拉底河河畔，要么建在与这两条河流相连的运河和航道旁。无论在王国南部还是北部，港口或码头通常都是异常繁忙的商业活动区域，货物在这里从城市运出或者抵达。早在阿卡德帝国时期，美索不达米亚水道就与南部国家、波斯湾（如最南端的马根）和阿拉伯海沿岸国家以及其他地区（如美路哈）建立了定期贸易联系。巴比伦商人从马根进口的商品包括木材、铜以及半宝石，从美路哈进口的商品有金、银、红玉髓、天青石，还有一种乌木（可能是黑檀木）。（从美路哈进口的商品可能源自其他地区。）

前面提到，国王的主要责任之一是修复国境内的神庙并建设新的神庙。每一个巴比伦尼亚城市内都有一座主神庙，或者一个供奉这座城市的守护神或保护神的神庙建筑群——巴比伦城供奉的是马尔都克神，尼普尔城是恩利尔神，乌鲁克城是伊阿娜（也叫伊什塔尔）神，乌尔城是南纳（也叫辛）神。除了主神庙之外，城中通常还有供奉其他神祇的庙宇。神庙作为巴比伦尼亚社会两个举足轻重的公共机构之一，在影响社会、文化、政治生活方面发挥着与王宫同等重要的作用。在巴比伦尼亚这样一个以农业为主要经济基础的社会，神庙作为重要的耕地拥有者，在王国的整体经济中发挥着至关重要的作用。城市的主神庙（至少）拥有一个占地几英亩由几栋建筑组成的区域，包括安置神祇的神殿，举行神明祭祀仪式的院落，还有众多用来储藏的房间，储藏敬奉神明和节日祭祀神明时所使用的全套宗教用品。

在巴比伦之旅中，你可以看到的最不同寻常的历史遗迹是一种叫作塔庙的结构（见图4）。这也是不少巴比伦城市的特色之一。塔庙是一种阶梯形的建筑，一般在3至7层之间，每一层的面积比它下面的一层要小，呈金字塔形上升。我们只能确定塔庙是一种特殊类型的神圣建筑，但除此之外，尚不清楚塔庙确切的建

图4　乌尔城塔庙复制品（公元前3千纪）

筑目的或意义。有学者认为，塔庙是众神最初居住的圣山的一种替代品。最古老的塔庙建筑时间可以追溯至公元前3千纪。巴比伦尼亚的每一个主要城市都建有至少一座塔庙。这些塔庙有的矗立在主神庙的建筑群内，有的自身便是一个宗教建筑群的中心。在巴比伦城，位于宗教建筑群内的塔庙也叫作“埃特曼安吉”。在《圣经》传说中，这些塔庙以“巴别塔”的名字为人们所熟知。传说上帝对建造这样一座彰显人类傲慢的纪念碑感到非常愤怒，于是他将负责建造这座纪念碑的人们分散在世界各地，并且“变乱天下人的言语”[①]，让他们再也无法相互理解或合作（《创世记》11: 1—9）。

① 本书所引《圣经》原文，主要采用国际圣经协会1998年出版的和合版汉语译文。——译注

第四章

加喜特王朝

（约公元前 1570—公元前 1155）

加喜特人到来

约公元前1595年，赫梯人洗劫了巴比伦，古巴比伦王国灭亡，这在汉谟拉比王朝曾经称雄的地区留下一段时间的权力真空。事实上，在汉谟拉比王朝最后几位国王统治期间，威胁王国存在的因素就已经浮出水面，尤其是来自美索不达米亚北部和叙利亚北部胡里安人的威胁。但是在巴比伦灭亡之后不久，真正在汉谟拉比王朝的领土之上进行统治的第一批人是一群来自南部沼泽地区的人。他们被称为海国人。汉谟拉比的继任者萨姆苏-伊鲁纳在位时，海国人似乎就是巴比伦王国的一股破坏性势力。此后在王国末期，他们可能在南部地区建立了某种程度的统治，其势力范围也许还向北扩展到了尼普尔。还有一种说法是一位叫作戈尔基沙尔的海国国王攻占了巴比伦城，确切地说是巴比伦城曾经的所在地，登上了那里的王座。但这个传说只出现在古巴比伦王国灭亡之后的零星文字史料当中，因此未必准确。

无论真相如何，在长达约一百年的时间里，海国人阻止了另外一个部族对巴比伦尼亚的统治。但这一部族最后还是控制了整个巴比伦尼亚，他们的统治一直持续到了青铜时代晚期的最后几年。该种族最早的居住地应该是在欧亚草原或者扎格罗斯山脉地区，到了古巴比伦王国末期，他们已广泛分布在巴比伦尼亚及其邻近地区，以一种相对平和的方式融入当时的巴比伦居民之中（见图5）。这一部族的人把自己叫作加尔族，但是我们把他们称为“加喜特人”，这个名字源自他们的阿卡德语名字“加氏”（kaššū）。加喜特人只是当时巴比伦尼亚众多移居民族中的一支，与他们一同居住在这里的还有亚述人、埃兰人、阿拉米人的先驱，以及其他种族。但加喜特人以其语言而和其他族群的人明显区别开来。

不幸的是，我们对于加喜特人的语言所知甚少。现存的加喜特语主要是专有名词，包括多位加喜特国王的名字、一些仅存的阿卡德-加喜特词汇，以及一些文字史料中出现的只言片语。其他资料中也偶然会有一两个加喜特词语出现。虽然信息非常贫乏，但我们依然可以判断出加喜特语与阿卡德语或其他任何一种闪米特语是毫不相干的。其中一个可能起源于加喜特语的名字便是加喜特人统治时期巴比伦尼亚广为人知的名字。同一时期近东王国的国王们将统治巴比伦尼亚的加喜特国王称为“卡尔杜尼亚什之地的国王”。

加喜特语没能流传至今，一个重要原因是，加喜特国王以及毫无疑问整个加喜特民族都迅速被他们的第二故乡巴比伦尼亚广泛使用的语言和风俗习惯所同化了。他们在书写和铭文中使

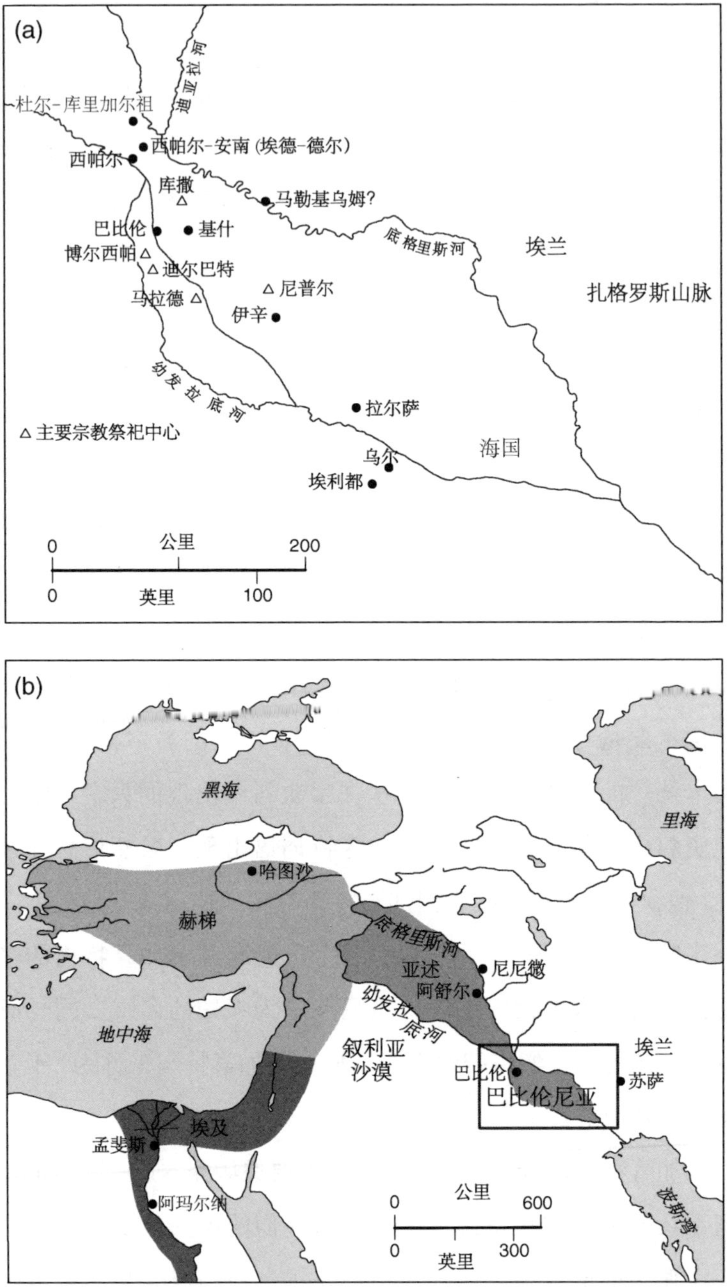

图5　（a）加喜特统治时期的巴比伦尼亚；（b）加喜特巴比伦尼亚以及同时代的“伟大王国”

用巴比伦语(以及苏美尔语)。他们不仅保留,而且强化和复兴了新家园的传统。加喜特人在种族上的独特性,也因与当地人通婚以及王室成员与其他国家权势家族之间的外交联姻而变得日渐模糊。加喜特王室家族的血缘进一步模糊,因为其最后七位国王中有五位国王的名字采用了巴比伦语。

不幸的是,巴比伦尼亚历史上的加喜特时期虽然漫长而且极其重要,却没有通过书面资料很好地记录下来。迄今为止,已发现的记录这段历史的文字史料只有约1 500篇。而关于加喜特统治时期最早的那两百年几乎没有文献记载。这就意味着我们不得不依靠这些零星的信息,结合大量的推测来了解加喜特人最终是怎样控制了巴比伦城,随后又是怎样将他们的统治延伸到整个巴比伦尼亚的。根据我们已知的资料,加喜特人能够取得这样的成就,似乎归功于公元前15世纪早期一位叫作乌兰布里亚什的加喜特国王,他的功勋包括征服巴比伦尼亚南部,而在此之前,这个区域长久以来一直处于海国王朝的统治之下。在乌兰布里亚什及其继任者的统治下,整个巴比伦尼亚以及其东部和南部的周边地区统一为一个国家。

加喜特时期的国家地位

学者们一致认为,加喜特王朝给巴比伦尼亚所带来的最大益处便是独立的国家地位。在此之前,汉谟拉比曾将统治版图扩展到整个巴比伦尼亚,版图内所有城邦在政治方面都臣服于他和他的继承者(不过在汉谟拉比之后,臣服的城邦日渐减少)。但即使如此，巴比伦尼亚地区的各个城邦依然视彼此为相互独立，没有凌驾于城邦之上的统一的国家意识将他们团结在一起。自加喜特时期开始，巴比伦尼亚才作为一个国家而实际存在。从那时起，巴比伦尼亚王国才成为一个版图定义清晰的国家，有了明确的国界线。一些学者认为，直到这个时期，将美索不达米亚南部地区称为“巴比伦尼亚”才是确切的。由于巴比伦尼亚的统一以及加喜特统治时期该地区的繁荣稳定，加喜特王朝的国王们才得以跻身近东世界伟大国王的精英俱乐部。同样具备“精英”资格的还有赫梯王国的国王、埃及和米坦尼王国的统治者（后者后来被亚述帝国取代）。（米坦尼王国和亚述帝国的中心地带都包含美索不达米亚北部地区的大块区域。）这些国王提及彼此时会将对方称作“伟大的国王”，并且彼此互称“我的兄弟”。另外值得注意的一点是，也是在加喜特时期，巴比伦语成为青铜时代晚期近东世界的通用国际外交语言。

毫无疑问，古巴比伦国家强大的政治团结和稳定是其文化和科学机构蓬勃发展的基础。这些并不是创新，而是古巴比伦王国巅峰时期已明显存在的各种习俗和传统的进一步演变和发展。加喜特的国王们以巨大的热情投入到第二故乡各种风俗和传统的保护、弘扬和进一步发展之中，而在这一过程中他们自己文化的痕迹则几乎消失殆尽。毫无疑问，加喜特人统治巴比伦尼亚时期所达到的政治稳定以及他们对国民原有传统和风俗的尊重，令巴比伦尼亚这片土地充满和平、安宁的景象，而这又有助于确保艺术和科学的繁荣，比如在文学、医药、数学、天文、音乐、美术及建筑领域内。

加喜特政权最重要的一项创新是建立了一个新的行政首都，位于现在叫作阿卡尔·库夫的地方。它地处现今巴格达的正西方，建在乌尔第三王朝和古巴比伦时期较早的城堡定居点上。加喜特人将这座城市叫作杜尔-库里加尔祖，意为“库里加尔祖的城堡”，名字源于创建者加喜特国王库里加尔祖一世（公元前15世纪晚期至约公元前1374年）。这座新都城比原来定居点的规模大得多，而且只是库里加尔祖下令修建的众多重要建设项目中的一个。除此之外，乌尔、埃利都和乌鲁克等城市也都从库里加尔祖的建设活动中受益。我们不太确定这位国王另建一座新都的原因是什么。这座都城的背后可能确有商业和军事性质的实际战略考量。当然，它的建立绝对没有降低巴比伦的声望，巴比伦依然是王国的仪式和宗教中心（实际上也是王国许多商业和政治活动的集中地）。这一点与尼尼微和尼姆鲁德成为亚述王国的新首都之后，阿舒尔古城依然是亚述王国的仪式中心情况相似。

国际政坛上的加喜特人

这个时期，加喜特人已经和埃及人建立起外交和商业往来，后来巴比伦尼亚国王卡达什曼-恩利尔一世（约公元前1374—公元前1360）保持或发展了与埃及人的这种关系。从他与埃及法老阿蒙霍特普三世的几次信件往来中我们可以了解到这一点。在卡达什曼-恩利尔一世的继任者布尔那布里亚什二世（约公元前1359—公元前1333）统治期间，巴比伦尼亚进一步成为国际舞台上的活跃分子。在这一时期，邻国米坦尼与赫梯王国正进行着你死我活的较量。那时，当政的赫梯国王是强大的军阀苏庇路里乌玛一世，他逐渐征服了米坦尼的领土，包括它在美索不达米亚北部的腹地，这给布尔那布里亚什提供了可乘之机，他趁机将王国的领土向北扩张。虽然布尔那布里亚什向美索不达米亚北部的军事扩张取得了一些进展，也帮助提升了巴比伦文化在那里的影响力，但米坦尼王国陷落后，那个区域留下的权力真空很快被东山再起的亚述帝国填充。

亚述帝国的重新兴起尤其要归功于一位有魄力的统治者阿舒尔-乌巴里特，他的统治从公元前1353年一直持续到公元前1318年。如果赫梯国王苏庇路里乌玛对亚述王国征服米坦尼的胜利成果只是略有担忧的话，那么布尔那布里亚什则一定因此而大受震动，因为亚述的新势力来势汹汹，已经威胁到与其南部紧邻的巴比伦尼亚。但是，亚述国王阿舒尔-乌巴里特首先想要的是在外交方面获得国际上的认可。他通过自己的使节向埃及宫廷给出提案，清晰地表达了自己想要加入伟大国王精英俱乐部的意愿。对于亚述想方设法挤入国际舞台的这一做法，布尔那布里亚什向埃及法老埃赫那吞提出强烈抗议，他宣称亚述王国是他的附庸国，因此他们自己无权直接与埃及宫廷接洽。虽然巴比伦提出了强烈的抗议，但埃及法老还是热情而友好地接待了阿舒尔-乌巴里特派来的使节，这让布尔那布里亚什意识到，明智的做法应该是与亚述国王达成妥协。策略之一便是与阿舒尔-乌巴里特通过婚姻缔结同盟。后者并不反对，于是两国便真的联姻了。亚述国王将自己的女儿穆巴丽塔特-谢鲁阿送到巴比伦去，成为布尔那布里亚什的准新娘。

但这桩婚事最后却惨淡收场。布尔那布里亚什与穆巴丽塔特-谢鲁阿的孩子卡拉-哈尔达什在其父去世后继承了巴比伦尼亚的王位，但是新国王随后却被自己的一群同胞暗杀，亚述和巴比伦尼亚之间的联盟便因此分崩离析了。他们对一位血管中流淌着亚述血液的统治者非常不满，因此推举了一个无足轻重的加喜特人做国王。阿舒尔-乌巴里特为了复仇，率军大举入侵巴比伦尼亚的领土，攻占了巴比伦，处决了加喜特的新国王，然后扶植布尔那布里亚什的另一个儿子登上王位，这是第二位叫库里加尔祖的国王，即库里加尔祖二世（约公元前1332—公元前1308）。毋庸置疑，他希望这位新国王成为亚述统治者的傀儡，但库里加尔祖二世显然依靠自己的能力证明自己是一位有实力的国王。他统治期间最突出的成就是成功打击了威胁巴比伦尼亚东部边境的埃兰人，他率兵占领埃兰首都苏萨，大获全胜。

这里可以顺便提一下，布尔那布里亚什与赫梯宫廷之间通过婚姻而缔结的同盟也一样以悲剧收场。这位巴比伦尼亚国王将一个女儿嫁到赫梯王国去，与苏庇路里乌玛结婚，为了迎娶她，苏庇路里乌玛抛弃了自己的原配妻子，自己五个孩子的母亲，给巴比伦尼亚公主让位。据苏庇路里乌玛的孩子穆尔西里（他是苏庇路里乌玛之后的第二任国王）的说法，这位从巴比伦嫁过来的公主给赫梯王室乃至整个赫梯王国都带来了厄运。她最后的结局十分悲惨，因为后来穆尔西里指控她谋杀了自己心爱的妻子。这位新国王剥夺了她所有的头衔，将她逐出王宫。我们无从得知他的做法对于赫梯和巴比伦之间的关系有无影响。

库里加尔祖二世登上巴比伦尼亚王位后，亚述王国和巴比伦尼亚之间的紧张关系应该缓和了一段时间，但在库里加尔祖二世的儿子那兹-玛鲁塔什（约公元前1307—公元前1282）在位期间，两国的关系再次剑拔弩张。若干年后，那兹-玛鲁塔什和亚述国王阿达德-尼拉里一世（约公元前1307—公元前1275）似乎才就两国之间的边界问题达成了一份友好协议。两国和平相处了一段时间，但相对两国之间的敌意和紧张局势而言，这也只是一次短暂的缓和。

在军事行动方面，加喜特时期的巴比伦尼亚人在美索不达米亚以外的国际政坛上所扮演的角色极其有限，只在东部偶尔开展了一些（针对埃兰王国的）军事行动，在幼发拉底河以西地区则没有什么重要活动，因为他们显然对那一带没有什么扩张版图的野心。即便如此，同一时期的其他大国，尤其是埃及和赫梯王国的国王还是给予了巴比伦尼亚国王同等的地位。对他们来说，培养与巴比伦宫廷之间的良好外交关系显然非常值得——毫无疑问，主要是因为这种密切关系可以给他们带来物质和文化方面的利益。在某些时期，埃及和赫梯国王也将他们的巴比伦尼亚国王“兄弟”看成对抗亚述王国的潜在军事同盟（实际上这个同盟并没有达成），但这并没能明显遏制亚述的扩张野心——这种野心在亚述国王图库尔蒂-尼努尔塔一世（约公元前1244—公元前1208）统治期间相当明显。他在美索不达米亚北部将一支赫梯军队打得落花流水之后便将注意力转向南方，入侵了巴比伦尼亚的领土，征服了这个王国，用链子将当时的国王卡什提里亚什四世（约公元前1232—公元前1225）带回了亚述。

但这只是一场短暂的胜利。在亚述国内，反对图库尔蒂-尼努尔塔的呼声日益高涨，而在他管辖的其他地区，军事上的失败最终导致这位国王在公元前1208年左右被暗杀。由于亚述王国政治动荡，卡什提里亚什后来的继任者之一得以抓住机会，领导巴比伦尼亚王国重新获得独立，加喜特王朝的统治因此得以延续到公元前12世纪中叶。埃兰人随后突然入侵，结束了巴比伦尼亚最后一位国王恩利尔-那丁-阿黑（约公元前1157—公元前1155）的统治，加喜特王朝突然灭亡。国王死后，巴比伦尼亚王国先后臣服于一系列无足轻重的王朝，直到亚述人再一次征服它。

加喜特人对近东文明和文化的贡献

在考古领域，加喜特人时代的巴比伦尼亚留给我们的遗迹非常少。与古巴比伦王国时期相似，巴比伦城本身可提供的物质证据相当贫乏，因为加喜特时代的城市高度大部分都位于现代地下水位之下。但是城市中心的莫克斯地区还保留着一些加喜特时期的房屋、几座陵墓，以及一些据推测是瓷窑的遗迹。加喜特时期的行政首都杜尔-库里加尔祖留下了很多有价值的遗迹，而早在苏美尔早王朝时期就崛起的城市，比如乌尔、拉尔萨和尼普尔等，留下的遗迹也很丰富。这几座城市在加喜特历史时期的遗迹表明，青铜时代晚期的统治者们给予了它们足够的荣耀和尊重。

毫无疑问，国王们这样做是因为这几座城市保留的古代遗物非常珍贵。

有时候，人们会批评加喜特人，认为他们态度保守，不求进步，导致巴比伦尼亚社会在他们统治期间处于“停滞不前”状态，认为他们太急于全盘吸收他们所占领和统治国家的文化和传统，从而丢掉了自己原本的特性，但这种批评是不公平的。事实上，巴比伦尼亚历史上的加喜特时期是文化和精神领域都充满勃勃生机的一个时期。加喜特统治者给这片土地带来的政治稳定毫无疑问是其中主要的原因。他们从政治上和平统一了这个国家，拥有高效而有序的官僚体系，并且尊重这个国家固有的传统和习俗。他们热情洋溢地拥抱这一切，将它们消化、吸收又发扬光大。他们将这些事情做到了极致，结果反而导致他们原来的文化和民族特点让后人几乎一无所知。唯一可以让我们毫不犹豫地归结为加喜特原来文化影响的一点是养马技能和战车技术方面的重大发展。但其实除了这些特别的加喜特特色之外，加喜特巴比伦尼亚人对于广阔的近东世界的影响也非常巨大。

我们前面提到，巴比伦语成为整个近东世界通用的外交国际语言就是在这一时期。说到这一点，就需要了解加喜特文明在近东文学史上所扮演的至关重要的角色。正是在这个时期，我们所说的“标准巴比伦方言”才得以发展，从此以后，在公元前2千纪的剩余时间，乃至公元前1千纪的大部分时间里，这种文学方言在整个美索不达米亚和近东世界其他地区被广泛使用。标准巴比伦方言版本的《吉尔伽美什史诗》这部公元前1千纪里最著名的文学作品便是这种文学方言最引人注目的例子。与苏美尔和其他早期文明的许多文学“经典”类似，这部作品能够流传下来，主要归功于加喜特巴比伦尼亚时期统治者们对于历史悠久的美索不达米亚文化传统的保护、培育和资助。

传统的巴比伦尼亚宗教也得到了加喜特统治者的扶持和保护，他们对于传统宗教习俗的发扬，以及王国内许多神庙在加喜特政权的资助和支持下都得以修缮和复原便是证据。这一时期宗教的显著特点之一是宣扬对主神马尔都克的崇拜，从而使马尔都克成为巴比伦万神殿中最伟大的神，具有高于美索不达米亚世界曾经的至高神恩利尔的权威。

由于美索不达米亚南部基本原材料尤其是木材和金属的缺乏，国际贸易活动对于巴比伦社会的繁荣和发展至关重要。在加喜特时期，贸易往来向东扩展至阿富汗（可能还到达了印度），向西扩展到爱琴海地区，向西南扩展至埃及。巴比伦尼亚与其北方邻国亚述之间虽然彼此敌视和冲突不断，但也保持了频繁的贸易往来，尤其是在公元前13和14世纪。巴比伦进口了许多奢侈品，包括一些宝石和红玉髓、天青石这样的半宝石，还有似乎产自遥远印度的奇珍异宝。1887年在埃及的埃尔-阿玛尔纳（即古城埃赫那塔）出土的泥板阿玛尔纳书信告诉我们，加喜特巴比伦尼亚时期还从埃及进口了大量的金子。这些书信是公元前14世纪中期埃及法老与其他国王以及臣服于他的统治者之间的书信往来。

为进口货物，巴比伦尼亚人出口各种各样的产品，有纺织品，还有由技艺娴熟的手艺人、宝石匠以及金银匠制造出来的产品。

马匹似乎也是巴比伦尼亚出口的货物之一。其他国家从巴比伦尼亚进口这些马匹用于繁殖以及军事和非军事交通运输。

巴比伦尼亚人还以擅长医药而闻名。赫梯国王哈图西里与巴比伦尼亚国王卡达什曼-恩利尔二世之间的通信便可以证明这一点。后者在写给哈图西里的信中抱怨这位赫梯国王没有将巴比伦尼亚派到赫梯宫廷暂时服务的两位医生和一位解读符咒的祭司归还巴比伦尼亚。哈图西里则回信说，两位医生中，一位（在接受了一大笔贿赂之后）决定留在赫梯首都，另一位死掉了，而负责解读符咒的祭司则消失不见了。但哈图西里似乎对此无所顾忌，接着说他想在自家的宫殿里放置几座雕像，希望他的皇家兄弟巴比伦尼亚国王能派给他一位雕刻家。那个时候的巴比伦尼亚人是作为熟练的艺术家和医药从业者而闻名于世的。

第五章

文字、书史以及文学

早期历史时代的文字

目前已知的近东地区最早的文字来自美索不达米亚南部的城市乌鲁克。这种书面文字记录可以追溯至公元前3300年，是简单的象形文字，用来记载诸如一个人拥有多少牲口或者种植了多少粮食。人们普遍使用黏土作为材料，将文字刻印在黏土表面。这种做法在近东世界使用了将近3 000年，用于绝大多数书写记录。但是，这种早期的象形文字很快被一种我们称之为楔形文字的书写系统所取代。这种文字由一系列的楔形符号组成。书写者将采集自美索不达米亚或者其他区域河流两岸的芦苇削尖，将三角形的尖端压印在软泥板上，因而文字线条成楔形。苏美尔人与这种书写符号的演变密切相关，到了公元前3千纪末期，这种文字已经演变成一种极其复杂的媒介，用于社会、商业、政治方面的交流，以及文档记录和文学表达。楔形文字是近东文明历史时期第一阶段的主要特征之一。

到了古巴比伦王国初期，苏美尔人和他们的文明已经变成过去的历史记忆，苏美尔语也不再是人们的口头语言，取而代之的是阿卡德语。这种语言，或者更确切地说巴比伦的阿卡德语，成了古巴比伦王国主要使用的日常语言。虽然苏美尔语那时已经成为死语言，人们交谈时不再使用它，但它在巴比伦尼亚社会受过教育的、具有修养的阶层中依然受到推崇。苏美尔语中重要的文学作品，比如关于一位叫作吉尔伽美什的乌鲁克国王的史诗，被保存下来并翻译为阿卡德语。

书吏学校

在古巴比伦，保存苏美尔文化遗产最重要的机构是年轻男子为将来成为书吏而接受训练的学校。这种机构叫作“埃杜巴”。一些学者认为，从古巴比伦时代起，虽然人们普遍具备基本的读写能力（即阅读和书写简单文件的能力），但只有一小部分巴比伦人掌握了较为复杂的阅读和书写技能，包括阅读和书写技术性和学术性文件的能力。在那时，掌握最高级的读写能力这件事情本身就是一项令人望而生畏的挑战，因为最发达的楔形文字系统包含500个以上的音节和概念符号，要想掌握它们就需要进行严苛的课程学习。

但这些书吏学校并不仅仅是学习高级阅读和书写技能的地方。学校的课程涵盖了许多知识分支，包括数学、天文、语法、音乐和土地测量，还包括学习神圣的苏美尔语。（有一句古老谚语是这样说的：不会苏美尔语的书吏不是合格的书吏。）这样，苏美尔语的词语表以及含有巴比伦语释义的词典便得以流传下来——这些都是要背下来的。作为苏美尔语学习过程的一部分，学生们需要一遍遍抄写苏美尔文学中流传下来的著名作品。我们非常感谢这些古巴比伦的书吏学校，感谢他们当时使用的词汇列表和抄写练习，因为我们对苏美尔文学传统的许多了解都依赖于当时的学校环境保存下来的文本。学生们在校学习的时间很长——从日出到日落——还需要从年纪很小的时候便入学读书，一直到将近成年时才能毕业。学校纪律严格，学生们如果学得不好，或者不会学以致用，或者调皮捣蛋，都会受到鞭笞。

但是，对于书吏学校里那些优秀学生，学习的回报也很丰厚。他们拥有绝大多数同胞都没有掌握的技能，在一个连国王可能都只有基本读写能力的社会里，书吏是这个社会能够存续的重要因素。这种职业基本是男性的专利（虽然我们确实也发现了几个女性书吏的个案）。但即便对于男性，书吏教育这种特权也不面向社会全体人群。大部分情况下，书吏是一个局限于某些精英阶层家庭的行业，在这个行业接受训练的权利需要从父亲那里继承。不同的书吏家庭也各有专攻，某些家庭或者宗族垄断了与书吏活动相关的某个特定领域，比如驱魔仪式或天文领域（这种情况只在公元前1千纪前真实存在）。

在书吏学校接受基本教育，习得阅读和写作方面的能力，并且学会苏美尔语之后，一些学生便开始学习与宫廷事务管理相关的学科，以便为将来的生计做准备。大部分选择这种课程的学生会在宫廷服务系统内做文书工作，这与我们现代官僚体系中的公务员颇为相似，但其中一些学生将来会在宫廷行政体系内担任更高的职位，也许会成为国王本人的顾问，在包括对外政策和外交关系等一系列事务方面向国王提供建议。很明显，还有一些书吏会选择做自由职业者，给人提供写信或者读信服务。

占 卜

对于在书史学校完成了基本训练的学生而言，另外一个选择是在特别资深的导师或者教师的带领下（可能就是他们的家人）在占卜这一备受尊重的行业进行深入的学习。这同样会给他们带来显赫的地位。用最简单的语言来讲，占卜是在超自然的力量或者神明力量的帮助下了解未来的一种行业。纵观巴比伦尼亚历史，占卜扮演了重要的角色，塑造了巴比伦尼亚世界，乃至整个古代近东世界居民的生活、计划和活动。占卜的一个基本原则是，如果一个人知道过去所发生的某一事件的结果，那么就可以通过占卜来预测将来另一个相似事件的结果，这样人们就可以为这一结果的出现提前做好准备，想办法避免或操纵这一结果。巴比伦社会的所有阶层，下至最卑微的劳动者和仆人，上至社会最高精英阶层，包括国王本人，都会进行占卜，并对占卜结果深信不疑。

占卜与单纯的算命不同。它被看作巴比伦尼亚生活中最根本、最重要的科学之一，只有技艺娴熟的专业人员才能从事这种活动。他们就公共事务及私人生活中的重大事件向人们提供咨询服务。在国家事务方面提供咨询的占卜师有权查阅官方文档中的历史事件及其结果的详细记录。书吏中有一个专门群体，他们的重要任务之一便是将所有这种信息收集起来，并在新的事件发生后对资料进行更新，另外他们还会对记载这些信息的数量庞大的泥板进行整理和分类，这样将来再需要针对此类事件进行咨询时，可以方便占卜师参考。

但就其本质来看，占卜意味着与这位或者那位神明进行沟通交流。在占卜过程中，占卜师需要解读诸神所给予的各种兆象，这些迹象与（例如）正在计划的某项事业或降临大地的灾难有关，如瘟疫或干旱。占卜的目的是希望获得神明对这项事业的认可，或者确认触怒神明的原因，了解国家为什么会遭受惩罚。解释神明意志的方法不尽相同。可以观察分析动物的内脏，分析油点滴在水面上的分布图案，观察动物的行为比如鸟群的飞翔，也可以解读天上或者地下的各种自然现象，比如雷电、冰雹或者地震等。

占卜的重要部分是通过获得兆象的方式向神明请求，比如将牲羊祭祀后观察它的肝脏等。占卜师会观察某种特别的天象，或者鸟类或其他动物的某种特殊行为，然后查阅以往的卜辞记录，来判断过去出现这种情况时的结果是什么。也许可以这样解释：如果国王考虑发动一场战争，或者商人想进行某项商业活动，他们会献上一只牲口，然后占卜师通过观察动物的内脏来预测这项任务未来的成败。他判断的依据是以往的占卜中动物内脏的相似征象是吉兆还是凶兆。

作为创意艺术家的书吏

虽然处于社会的最高阶层，书吏们接受教育的目的不仅仅是成为抄写员、文员，或者顾问，或者成为神明旨意的解读者。巴比伦尼亚世界里一些伟大的学者也基本都是书吏训练机构培养出来的，他们之中的某些人凭借自身的能力成为重要的创意艺术家。《吉尔伽美什史诗》的第一个版本，即所谓的古巴比伦语版，就是古巴比伦时代一位不知名书吏的杰作。在本章的后半部分，我们还会提到这部作品，这里只是指出，虽然苏美尔语中也有不少关于吉尔伽美什这个人物的诗歌，而且也许还有其他一些相关主题的诗歌被翻译成阿卡德语的巴比伦方言，但《吉尔伽美什史诗》这部作品本身是由一位接受过巴比伦书吏学校教育的巴比伦学者创作出来的。

加喜特时期的书吏教育继承和发扬了古巴比伦书吏学校的传统，在保护和发扬巴比伦尼亚文化传统方面发挥了重要作用。但是，加喜特的学者书吏们所做的远远不只重新抄写古巴比伦时代文献，他们还将流传下来的许多文字进行了大规模的改编和修订，并在巴比伦原有文本库的基础上增加了许多新的文本。他们还扩充了占卜和驱魔仪式方面的文字史料，并整理成不同的系列。承担这些项目的人被称为“中巴比伦时期学者”。他们贡献了许多作品，我们将这些作品称为“标准版”巴比伦语文本，其中就包括《吉尔伽美什史诗》。在这个时期，学者们在最初的古巴比伦语版本故事的基础上进行了许多扩充和修改。

加喜特学者们也创作了很多新的作品，其中一些作品形成了一种新的文学类型，我们将其称为“智慧文学”[①]。这种类型的

① 即箴言和寓言，包括谚语熟语、格言警句、寓言幽默、对话争论、谜语等。——译注

作品与一系列的道德和伦理问题有关。整体而言，公元前2千纪的最后几百年，包括加喜特时代晚期，是巴比伦尼亚文学史上非常活跃的一个时期。但在这一时期，叫作“埃杜巴”的书吏学校似乎已不复存在。教育基本成为少数贵族家庭所特有的权利。

楔形文字的衰败和消亡

这一时期的许多作品，包括那些抄写或改编自早期时代的作品能够留存至今，很大一部分原因是它们被保存在公元前7世纪新亚述帝国国王的图书馆里。这些图书馆中，尤其值得一提的是国王亚述巴尼拔在尼尼微古城的宏大图书馆。这座图书馆是公元19世纪考古队在发掘尼尼微古城的时候发现的。亚述巴尼拔将从王国各地搜集来的书籍填满这座图书馆，就在一个世纪后，楔形文字这种书写系统便迅速消失。这种文字在巴比伦尼亚保存在学术传统中，确实又多流传了几个世纪，直到公元1世纪末期。然而，不可避免的是，楔形文字还是被阿拉姆语所取代。这是一种更加简单的字母文字系统，在国际上作为外交语言使用已久。使用楔形文字所书写的丰富文学世界彻底消失，随着它们一起消失的还有用楔形文字所书写的文明所包含的一系列丰富知识。直到19世纪刻有楔形文字的泥板档案重见天日，这种语言才被破解，人们才重新认识这一古老书写系统所构成的文明。

巴比伦尼亚文学作品选介

现在，我们简要介绍一下巴比伦尼亚文学中得以流传至今的一些重要作品。它们经过几代书吏的抄写，有时候会加上一些改编，最后在亚述巴尼拔的图书馆中保存下来。这里将介绍其中三部作品。最后一部便是最著名的《吉尔伽美什史诗》。

第一部作品是《创世史诗》，也经常被叫作《埃努玛·埃利什》，这个名字来源于史诗的起首句“埃努玛·埃利什”（意思是“天之高兮”）。这部作品大约是在加喜特时代创作的（至少我们现在看到的这一版本来自加喜特时代）。作品长约1 092行，写在七块泥板上。虽然开篇讲到了创世，但这首诗实际上并非以此为主题。它讲述的是原始海洋女神提亚玛特与马尔都克之间的战争。海洋女神创造了一群凶猛的怪物来帮助她，而马尔都克则率领一支由晚生代神祇所组成的军队。这场战争的最后获胜者是马尔都克一方。他杀死了提亚玛特，将她的身体分成两半，创造了天空和大地。马尔都克则成为巴比伦众神中的主神（这是他在参加战争前所要求的回报，而他的胜利也得到了众神认可），他又给每一位神祇都分配了具体的职责，划分了范围。为了让众神有劳力可以指使，马尔都克用名为“金固”的神的鲜血创造了人类，因为当初就是他煽动提亚玛特挑起战争的。主神马尔都克的最高成就是建造了巴比伦这座城市。为了纪念他的事迹，巴比伦每年新年节的第四天晚上都会上演这部史诗。

另外一部著名的巴比伦尼亚文学作品和《创世史诗》有若干相似之处。《阿特拉哈西斯史诗》（也称为《阿特拉姆哈西斯史诗》，意思是“极具智慧者”）全诗长1 245行，其留传至今的版本便是古巴比伦时期的版本。然而，这部史诗的起源可以追溯至更早的时期，它有许多版本流传于美索不达米亚不同的历史时期。故事中讲到，主人公阿特拉哈西斯出生的时候人类尚不存在。在这样一个远古时期，低阶层的神祇不得不承担所有的体力劳动。他们因此心生不满，反抗之心日盛，此时高阶层的神明及时应对，杀死了起义军中一个低阶层的神祇，用他的身体创造了人类，接手了之前地位卑微的神祇们不得不承担的琐碎而沉重的工作。但是人类很快也带来了不少麻烦，于是诸神决定利用一场大洪水让他们全部灭绝。诸神之一恩基将这一即将来临的灾难告诉了他的人类信徒阿特拉哈西斯，催促他建造一艘大船，这样阿特拉哈西斯和他的家人才从这场大灾难中幸存下来，人类也因此没有完全灭绝。

阿特拉哈西斯的故事之所以引发了研究者们特别的兴趣，是因为它是历史上已知的第一部描述大洪水的文学作品，是许多古老的洪水故事的开山之作。从这部作品衍生出很多关于大洪水的故事，比如标准巴比伦语版本的《吉尔伽美什史诗》中乌塔-纳匹什提姆所讲述的故事。不少学者认为，《圣经·旧约》中诺亚的故事也是从阿特拉哈西斯的故事演变而来。

另一部作品《吉尔伽美什史诗》是世界文学文库中的一部经典巨著（见图6）。它是史诗类体裁作品的开山作之一。它对古典时代最卓越的作品荷马史诗《伊利亚特》和《奥德赛》，以及维吉尔的代表作《埃涅阿斯纪》都有深远影响。在《吉尔伽美什史诗》中，主人公吉尔伽美什原本是乌鲁克城一位暴虐无道的统治者，他抛弃自己的城市，和同伴恩奇都开始了一系列冒险。但后

图6　吉尔伽美什

来恩奇都在痛苦的煎熬中死去，吉尔伽美什受到触动，踏上了寻找永生不死奥秘的征途。他找到一位永生不死的人，名叫乌塔–纳匹什提姆。他告诉吉尔伽美什，人类在大洪水中灭绝之后，只有他和妻子存活下来，神明赐予他们永生不死的生命。虽然他们可以不死，却没有永葆青春的能力，所以现在他只是一个虚弱干瘪的老人。为了让吉尔伽美什明白自己有一天终将死去，乌塔–纳匹什提姆让他尝试一周不睡觉，这是对他的试炼。但是吉尔伽美什没能通过这个试炼，他追求永生不死的征程以失败告终。接着，故事的主人公又经历了一系列冒险，最后返回自己的城邦乌鲁克。但此时的他在经过许多历练之后已变成一个更加富有智慧的人。吉尔伽美什接受了自己终有一天会死去的命运，做好心理准备，决定重新担负起作为乌鲁克国王的职责，用正义和智慧来统治他的人民，带领乌鲁克走向辉煌。

《吉尔伽美什史诗》是一个关于人类的脆弱与渴望的故事，尤其讨论了“死亡不可避免”这一主题。在美索不达米亚这样一个大背景下，这一点显得尤其辛酸，因为该史诗认为人死后的世界充其量只是一个单调而阴暗的世界，没有什么可期待的。这种思想本身就是鼓励人们充分享受现世的一切。史诗中自始至终还贯穿着几个次主题：友谊与失去挚爱的哀恸，傲慢与随之而来的惩罚，旨在动摇主人公心志的物质享受，文明的诱惑对于纯真的腐化，以及与权力伴随而来的责任等。

几乎可以肯定，吉尔伽美什是一位真实存在的历史人物（在最早的故事中，他的名字叫作比尔伽美什），生活在公元前3千纪上半叶，是苏美尔的城邦之一乌鲁克的国王。讲述这位国王英雄事迹的故事可以追溯至公元前3千纪。大约在那个千年即将结束的时候，这些故事首次被记录下来，以书面形式流传，其中有五篇得以留存。但是，一直到公元前2千纪的早期，我们所知道的阿卡德语的巴比伦方言版《吉尔伽美什史诗》才被创作出来。这第一个版本也叫“古巴比伦语版”，全诗长约1 000行（这个版本目前只有在不同地点发现的残片中保留下来）。虽然这个版本的部分内容取材于原本已有的吉尔伽美什故事，而且这些故事的常见主题也都与生老病死、永恒的声誉和永生不灭等有关，但这个版本从故事的主题、次主题以及人物性格推进方面来看，本质上依然是一个原创作品，它将这些元素巧妙地融入该史诗的结构中。人们普遍认为这个版本具有“特色鲜明”“人物生动”“简洁优美”等特点。

古美索不达米亚绝大多数枯燥无味的文字已经湮没于历史长河中，然而这个时期还是出现了一些或多或少流传下来的文学作品。在古代世界的文学文库中，《吉尔伽美什史诗》可能一开始并没有被赋予特殊的地位，然而，即便主要作为书吏学校学生们的练习，它还是常常作为“经典”文学之一，在几百年中被不少国家一代又一代的书吏们一而再，再而三地抄写。我们前面已经提到，加喜特巴比伦尼亚时期的君主们将巴比伦尼亚以往许多风俗和传统都保留下来，而《吉尔伽美什史诗》便是他们这种政策在文学方面的受益者之一。近东世界不少地区都有这部史诗的抄写版，这也说明巴比伦尼亚与国际社会在外交、文化和商业方面的联系日益紧密。这一史诗通过抄写从一代人传给另一代人，从一个国家传到另一个国家，与此同时，它也得到许多完善和改编。

但是，《吉尔伽美什史诗》最大的变化出现在公元前2千纪的最后几百年里。这个时候，被称为这一史诗的“标准版”出现了，这也是现在最为我们所熟知的版本。传统观点认为，一位名叫辛-乐切-乌尼尼的人是这个版本的创作者。他的职业是驱邪法师，大约生活在公元前13世纪到公元前11世纪之间。该史诗的标准版比古巴比伦语的残缺版本要完整得多（虽然这个版本依然有不少内容缺失）。通过将这个标准版与流传下来并且相对较为完整的古巴比伦语版的章节进行对比，我们发现，标准版的创作者在没有改变原来版本基本故事脉络的基础上，对老版本做了很大的改动。古巴比伦语版中有些段落被几乎原封不动地照搬，有些做了轻微改动，但在其他一些地方，标准版创作者的写作与原版本有明显的不同，增加了新的前言，删掉了原来的部分情节，加入了新的情节，并明显扩展了原来的内容。

在标准版中，吉尔伽美什的故事包含11个部分，每块泥板上有一个故事。第11块泥板上关于大洪水的描述篇幅极长，可能并不是古巴比伦语版中原有的内容。原诗中对大洪水即便有所涉及，也只是简短提及而已。就完整的形式而言，这11块泥板包含了约3 000行诗节（只有其中的60%留存下来），成为迄今为止美索不达米亚文学中最长的作品。后来在这些内容之上又增加了第12块泥板，但它实际上并不属于原诗的一部分。最后这块泥板的名字叫作“吉尔伽美什、恩奇都与冥界”，是将一首苏美尔语诗歌的部分内容翻译成阿卡德语。这个部分讲述的是恩奇都前往冥界寻找吉尔伽美什掉落在那里的各种物品。他被困在冥界，后来终于得到允许，灵魂返回生界，并向吉尔伽美什讲述了冥界的情况。

第六章

漫长的幕间休息
(公元前12世纪—公元前7世纪)

处于世界剧变中的巴比伦尼亚

公元前12世纪早期,希腊和近东世界被一系列灾难性的剧变所震动。引起这些剧变的原因目前学者们仍有不同意见。他们提出了不同的理论,指出剧变的原因可能是大批外敌的入侵、经年累月的干旱、触目惊心的地震、国际贸易网络的坍塌,或者以上种种天灾人祸的结合。但是,无论这些剧变的确切性质和起因到底是什么,它们最终造成了青铜时代的终结。包括赫梯王国在内的几个青铜时代的主要文明古国崩溃了,埃及从叙利亚-巴勒斯坦地区撤出,它作为主要世界强国的荣光不复存在。

赫梯和埃及对幼发拉底河西部地区几个附庸国的统治结束了,这对于该地区地缘政治的构成产生了深刻影响。这些变化发生的几个世纪我们统称为“铁器时代”。这个时代出现了一些建立之初便拥有独立身份的小国。这些国家有的脱胎于以前青铜时代的附庸国,有的则完全是新成立的。在美索不达米亚北部地区,亚述王国基本没有受到近东世界其他地区剧变的影响,而且事实上还一度更加繁荣，将领土拓展到幼发拉底河以西地区。但是到了公元前1千纪末期，亚述王国也开始走向衰落，这种颓势一直持续到公元前10世纪晚期新亚述帝国开始东山再起，称霸一方。

所有这一切为我们提供了巴比伦尼亚历史时期的一个广阔背景，这个时期跨越了几个世纪，从公元前12世纪中叶加喜特王朝衰落一直到公元前7世纪末新巴比伦帝国崛起。在这几个世纪的进程中，巴比伦尼亚这片土地见证了几家王朝的兴起衰落，其中大部分王朝衰弱而短命，反映了巴比伦尼亚在政治和军事际遇上的频繁衰退和偶然兴起。这一时期可以被认为是巴比伦尼亚历史上一个漫长的幕间休息——虽然从物质文化方面来讲，新巴比伦尼亚时期是直接脱胎于其中的。在巴比伦尼亚历史上，这是一个记录极少、平庸无奇的阶段。本章我们将简要介绍这个阶段里相对突出的几个主要特色和亮点。

据巴比伦王朝国王名单记载（古巴比伦尼亚史料中保存了几个不同的版本），加喜特王朝结束之后，巴比伦尼亚由伊辛第二王朝这一世系的君主统治。该王朝先后共有十一位君主（他们之间似乎不是所有人都有血缘关系），王朝的统治始于公元前1154年，止于公元前1027年。虽然这个王朝的名字叫作伊辛第二王朝，但这十一位君主大多将国都设在巴比伦。其中最著名的是第四位君主尼布甲尼撒一世（约公元前1126—公元前1105）。他之所以有名，是因为他率兵入侵了埃兰国。在这一创举中，他洗劫了苏萨古城，从那里带回了几十年前埃兰人入侵巴比伦尼亚时作为战利品劫掠的马尔都克神像。

由于尼布甲尼撒的胜利，巴比伦人的民族自豪感重新复苏。这种情况一直持续到了他的第二位继任者（也是他的弟弟）马尔都克-那丁-阿黑（约公元前1100—公元前1083）统治期间，那时又与亚述王国之间爆发了新的战争。除此之外，我们对于伊辛王朝统治巴比伦尼亚期间的情况所知甚少。我们也不了解是什么情况使伊辛王朝政权最后被巴比伦尼亚最南端的海国王朝所取代。这个叫作“海国第二王朝”的新政权先后有三位统治者（从名字推测他们应该是加喜特人血统），他们的统治只维持了二十年（约公元前1026—公元前1006），随后便湮没在历史的尘埃中。在他们之后出现了几个默默无闻的朝代，先是同样具有加喜特血统的巴兹王朝（约公元前1005—公元前986），这个王朝有三位君主，接着是所谓的“埃兰王朝”（约公元前985—公元前980），这个王朝只有一位统治者。

环境因素与新的部落族群

这个时期，环境因素大大影响并塑造了巴比伦尼亚的发展。有一点尤其值得一提：公元前2千纪即将结束时，幼发拉底河的主要河道大幅向西偏移。这对最南端的地区也许没有什么影响，因为那里的河道只是发生了微小的变动，但巴比伦尼亚北部冲积平原上的城市和其他定居点可能因为河流改道而损失严重，因为这导致可灌溉土地的面积大大缩小，盐碱地数量增加。随之而来的结果是该地区经济生产能力下降，而这又使得整个国家的贫困人口增加，城市和乡村定居点人口数量下降。

雪上加霜的是，凶悍的阿拉姆部族一直试图入侵王国边境地区以扩大版图，并企图控制重要的贸易路线，进一步加剧了王国的动荡。阿拉姆人使用的语言叫作阿拉姆语，属于西闪米特语的一支。阿拉姆部族自公元前2千纪晚期开始便广泛分布于近东世界。到公元前2千纪结束时，他们已建立了不少城邦，尤其是在美索不达米亚、叙利亚和安纳托利亚东部地区。阿拉姆人的一些部族首领后来在巴比伦尼亚历史中扮演了重要的角色。但公元前10世纪晚期，亚述人再次成为巴比伦尼亚最严重的威胁，这个威胁在亚述国王阿达德-尼拉里二世（公元前911—公元前891）统治时期变成现实，他打败巴比伦国王沙玛什-姆达米克，占领了巴比伦王国。

接下来，我们要介绍的是后来在巴比伦尼亚历史上将要扮演越来越重要角色的一个部落族群。在阿卡德语中，他们被称为“卡都”。在英语中，他们被叫作迦勒底人，这个名字来源于希腊语中的*Chaldaioi*一词。迦勒底人所说的语言也是西闪米特语族中的一支。他们大约在公元前10世纪或者11世纪的某个时期从西北方向进入巴比伦尼亚，但随后却在幼发拉底河南部沿岸和靠近波斯湾顶端的海国沼泽地带建立了定居点。迦勒底人似乎与阿拉姆人有一些共同点，但我们所掌握的古代史料却明显将这两个部族区分开来。另外，这些史料将迦勒底人分为五个部落，其中最重要的三个部落分别是比特-达库瑞部落、比特-阿姆卡尼部落和比特-雅金部落（“比特”的意思是“族”）。

虽然许多迦勒底人来到巴比伦尼亚之后仍然延续着游牧或者半游牧的生活方式，但还有一些迦勒底人似乎很快便喜欢上城市生活，建立起自己的乡镇和城市，紧密地融入了巴比伦尼亚的社会和政治生活。有些迦勒底人甚至有了自己的巴比伦尼亚名字。虽然如此，他们依然保持着自己传统的部落结构和独特身份。一些迦勒底人通过大规模发展牲畜产业而拥有了大量收入，加上他们的许多定居点在主要贸易路线上占据着非常优越的地理位置，因而这些人变得非常富有。部族的一些首领后来成为巴比伦尼亚政坛上呼风唤雨的人物，而且其中有几个人实际上还一度登上巴比伦尼亚的王位。这一点我们在后面的章节中将会讲到。

亚述帝国的大领主

巴比伦尼亚王国在经历了公元前10世纪晚期的低潮之后，在国王纳布-阿普拉-伊地那统治时期开始有了复苏迹象。在巴比伦尼亚君王列表中，这位国王被划归到公元前979年至公元前732年之间的“E朝代”。纳布-阿普拉-伊地那无疑是E朝代中最为杰出的君王之一。他对巴比伦的统治始于约公元前888年，然后持续了三十三年之久。在其统治期间，巴比伦尼亚再次摆脱了亚述统治，国家稳定而繁荣，文化也得到复兴。

传统宗教仪式中心被修复，曾经废弃的宗教典礼也重新复苏。也是在这一时期，巴比伦尼亚与亚述重归于好，和平相处。但随后，亚述国王沙姆希-阿达德五世（公元前823—公元前811）

对自己的南方邻国发动了四场战争，两国之间的和平关系再次走到尽头。最后，沙姆希-阿达德五世俘获了国王巴巴-阿哈-伊地那（公元前812年），将他押送到亚述。这之后，巴比伦尼亚一度处于混乱无序的状态中。但后来，一位叫作那波那萨尔的国王即位后，整个国家再次兴盛起来。一般认为，那波那萨尔统治的这段时期（公元前747—公元前734）是巴比伦尼亚历史上一个新时代的开端。这一点在两部重要的编年史文献《巴比伦编年史》和《托勒密王名表》中都有所反映：两部作品的编写者都把那波那萨尔的统治作为巴比伦历史的起点。

那波那萨尔去世后不久，巴比伦尼亚再次陷入不同敌对势力集团——其中包括迦勒底人势力集团——的争斗中，直到公元前729年，亚述国王提格拉特-帕拉沙尔三世插手，这场混战才结束。当时的巴比伦尼亚国王是一位迦勒底部落首领。提格拉特-帕拉沙尔推翻了这位国王的统治，宣布自己是巴比伦尼亚的新国王，并推行了一段时间的“双重君主制”。从理论上讲，这意味着巴比伦尼亚的王位是由亚述国王和一位由他任命的“国王”共同执掌，而实际上此时的巴比伦尼亚是处于亚述大领主的统治之下。对一个一直以来享有独立的王国来说，这种情况令人无法容忍，因此巴比伦人一直在不断试图挑战并摆脱亚述人的统治，其中迦勒底部族首领们的反抗尤为突出。到了公元前8世纪，迦勒底各部落成为巴比伦尼亚主要的政治势力。在这一百年当中，有三位迦勒底部落首领先后登上过巴比伦尼亚的王位。

在这三位首领之中，最著名的一位叫作马尔都克-阿普拉-伊地那。他更知名的还是他在《圣经》中的名字米罗达-巴拉但[①]。他曾经两度成为巴比伦尼亚的国王（公元前721—公元前710和公元前703）。在他的领导下，整个巴比伦尼亚王国的人民团结起来，为摆脱亚述人的枷锁进行了艰苦卓绝的斗争。米罗达-巴拉但在与亚述国王萨尔贡的斗争中获得了埃兰同盟军的支持。随着斗争的继续，巴比伦人获得了一些重大胜利，事实上王国也曾一度重获独立。但亚述人决意重新控制巴比伦尼亚，最后他们在公元前710年迫使米罗达-巴拉但放弃王位，流亡外地。七年后，他重新回归，想夺回王位。他再次发动起义，对抗新的亚述国王辛那赫里布的统治。但后者在巴比伦尼亚南部进行的决战中给了米罗达-巴拉但的军队致命一击。米罗达-巴拉但不得不再次逃亡，寻求埃兰人的庇护，埃兰人收留了他，但米罗达-巴拉但不久之后便死去。

接着，亚述国王辛那赫里布废除了双重君主制（实际上这种制度也从未实施过）。他先是任命一个巴比伦人为傀儡国王，后来又让自己的一个儿子登上巴比伦尼亚的王位。这一做法激怒了埃兰国王哈鲁舒（也叫哈鲁舒-因舒新那克），因为他也想控制巴比伦尼亚。哈鲁舒成功将辛那赫里布的儿子赶下巴比伦尼亚的王位，自己任命了新的巴比伦尼亚国王。但辛那赫里布再次派兵入侵，在尼普尔附近的一场战役中大败埃兰和巴比伦尼亚同盟军，哈鲁舒只好迅速偃旗息鼓，逃往苏萨。他在那里被自己的国

① 中文也译作麦若达赫-巴拉丹。——译注

民暗杀。辛那赫里布将哈鲁舒任命的巴比伦尼亚国王关进监狱，后来又将其处死。亚述人再次成为巴比伦尼亚的主人。

但是，巴比伦人的反抗很快重新爆发。首先领导斗争的是一位迦勒底部族的新首领穆塞吉布-马尔都克，他对亚述人的斗争持续了几年，但最后辛那赫里布在公元前689年发动一场战役，给了他致命一击。在双方的战争中，巴比伦受到重创。穆塞吉布-马尔都克被俘虏并被押解到亚述。但希望重获独立的愿望依然像火焰一样在巴比伦人的心中熊熊燃烧，反抗亚述人统治的活动在辛那赫里布的几位继任者统治期间此起彼伏。最后，在一位名叫那波帕拉萨尔的人的带领下，巴比伦人终于获得胜利。公元前626年，那波帕拉萨尔夺得巴比伦的王位，成为巴比伦尼亚历史上最伟大的时期新巴比伦王国（公元前626—公元前539）的开国君主。

巴比伦尼亚文化传统的保护

在公元前1千纪，阿拉姆语的影响力在巴比伦尼亚，事实上在乃至近东世界的其他地区都有广泛扩展。这种语言逐渐被用作书面交流的媒介，也逐步成为近东世界的国际通用语，这些都是阿拉姆语影响力增强的有力证据。虽然如此，一直到公元1世纪，楔形文字在巴比伦尼亚的书吏学校中仍然有着顽强的生命力，这一点我们曾经提到过。延续自古巴比伦尼亚和加喜特时期的文化习俗和传统也得以保留下来。由于人们对王国过去的文化和历史的敬畏，巴比伦尼亚许多重要的文学和科学作品也保存了下来。

可惜的是，对于加喜特王朝和新巴比伦王国之间这段漫长的历史时期，虽然考古学家在巴比伦和其他几个巴比伦尼亚城市尤其是乌尔城都有一些发现，但关于这段历史几乎没有任何物质方面的证明。我们知道，曾有几位亚述国王在积极地推广巴比伦尼亚文化，尤其是阿萨尔哈东及其王储亚述巴尼拔，这一点可以通过他们在巴比伦尼亚尤其是巴比伦城大规模地新建和修复各种工程得到体现，但不幸的是，关于这些工程的信息，我们只能从亚述王国的书面记录中找到。亚述人在保护巴比伦尼亚文化方面所做的贡献，考古学家们无法找到有形的、切实的证据。但是，和这些书面记录中描述的一样，亚述人的这些贡献清楚地表明，对于巴比伦尼亚文化心存敬畏的不只是巴比伦人，还有亚述人。

最有名的例证便是1853年在尼尼微亚述巴尼拔的图书馆中发现的大量泥板证据。这位国王拥有巴比伦尼亚所有重要泥板文献的复刻本，包括《吉尔伽美什史诗》、阿特拉哈西斯神话以及巴比伦尼亚的《创世史诗》等。当时亚述巴尼拔命令官吏将这些文献从神庙、宫殿及其统治范围内所有可能存在的地点搜集起来，送到当时的都城尼尼微。他的首要和核心目的是出于实用考虑。他想将自己统治的土地之上不同时代的所有文献都收集起来，因为他认为这些文献可以为自己提供治理这个国家的最佳建议。事实上，他在图书馆中收集的这些文献也有不少确实可以归类在向国王提供建议这一范畴里。虽然他的主要目的并不是为了收藏文学名著，但这些文献也同样可以归类为伟大的文学作品，其中最有名的例子便是《吉尔伽美什史诗》。这些作品中包含了一直到亚述巴尼拔那个时代为止的巴比伦尼亚文学史上所有重要的作品。今天，我们可以研究、欣赏美索不达米亚文学中最经典的范例，主要归功于这位国王，对此我们要心存感激。

第七章

新巴比伦王国
（公元前626—公元前539）

新巴比伦王国的崛起

公元前626年11月，一个名为那波帕拉萨尔的人夺得了巴比伦的王位。他的出身尚不明确。有铭文将他称为“一个无名小卒的儿子”，但史料证据显示，他的父亲在亚述王国执政时期曾是乌鲁克的总督，而那波帕拉萨尔本人在领导起义对抗亚述统治之前也曾担任过乌鲁克城邦的统领。虽然普遍认为他是迦勒底人，但目前对于他的血统尚无明确证据。那波帕拉萨尔一开始在政坛亮相时，似乎是海国地区一位强有力的首领，但是他把目光坚定地投向了巴比伦王座，最终将它从亚述人手中夺了过来。

那波帕拉萨尔攻占巴比伦的时机把握得非常合适。那个时候，亚述最后一位伟大的国王亚述巴尼拔刚刚去世不久，亚述王国核心区域衰败且动荡，这些因素都被这位年富力强的巴比伦领袖利用起来，打破了亚述大领主强加给他们的枷锁，在亚述以南建立起一个新的独立王国。与此同时，巴比伦尼亚内部各个竞争派系之间忙于权力斗争，这确保了那波帕拉萨尔在试图掌控整个国家的过程中没有人会调转矛头团结起来攻击他。

但是，那波帕拉萨尔还是花了十年时间来巩固自己在巴比伦的统治地位，在这十年里，亚述王国几度试图重新统治自己的南部邻邦，而在巴比伦尼亚内部，政坛又持续动荡不安。克服了重重困难之后，这位新贵国王终于建立起一个新的王朝，都城设在巴比伦。在历史上，这个王朝的历任统治者，以及一位叫作那波尼德斯的继任者所统治的时期被称为新巴比伦王国（见图7）。我们前面曾经讲过，古代的历史编纂者们在讲述巴比伦尼亚历史的时候往往会从国王那波那萨尔（公元前747—公元前734）的统治开始，从精神和文化角度来讲，人们通常认为这是使用“新巴比伦”这一术语更合适的起点。

到了公元前616年，那波帕拉萨尔终于在自己的土地上树立了权威，他甚至有能力入侵前领主亚述王国的核心领土，以便一劳永逸地解决亚述人所带来的威胁。他带兵深入亚述腹地，一路向北打到了亚述的传统首都阿舒尔，向那里发动进攻。此时那波帕拉萨尔遭到了亚述人的强烈抵抗，不得不下令撤军。但同一时期，亚述在东部又受到另一强敌的不断骚扰，这便是来自伊朗西部的米底王国。公元前614年，米底国王库阿克撒列斯（在古希腊历史学家希罗多德的著作中叫作基亚克萨雷斯）向亚述进军，洗劫了阿舒尔古城和另外一座亚述古都尼姆鲁德。见此情景，那波帕拉萨尔意识到与库阿克撒列斯联手会非常有利。两国联盟很快达成，两支军队联合推进，大肆杀戮，进攻亚述王国最后一个都城尼尼微，将其夷为平地。这场战争发生在公元前612年。此

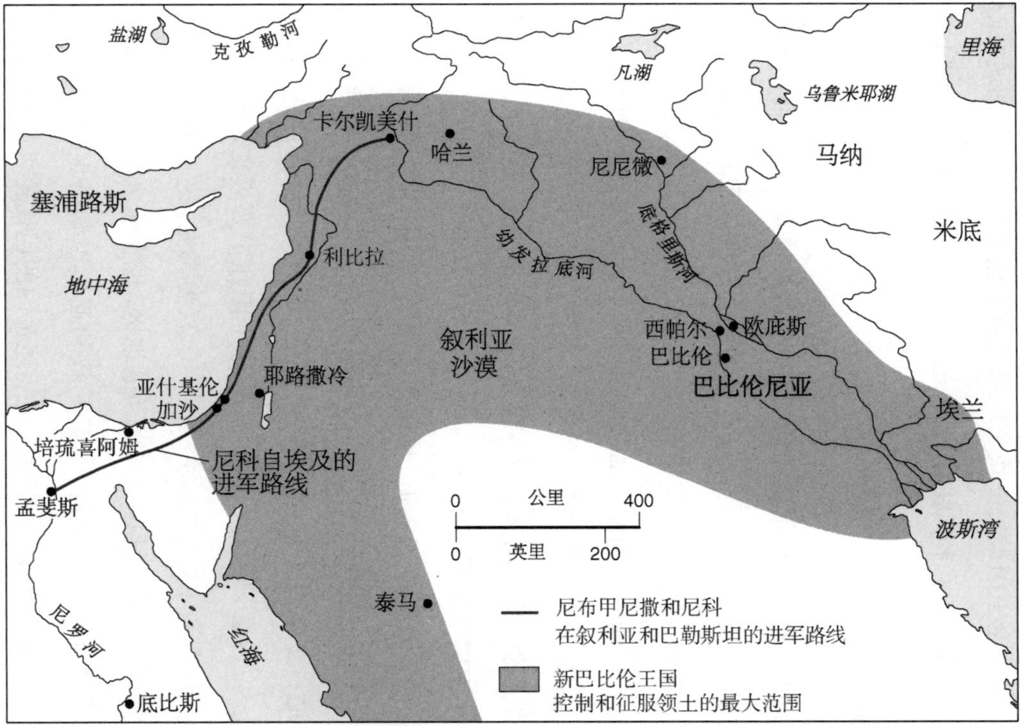

图7 新巴比伦王国统治和征服领土的最大范围

时的新亚述帝国事实上已经穷途末路。亚述王国最后一位国王阿舒尔-乌巴里特二世（公元前612—公元前610）做了最后一次努力，为保全王国最后一块土地逃亡到美索不达米亚北部城市哈兰，在那里建立了末代朝廷，带着最后一丝微弱的希望进行抵抗。

埃及插手战事

此时，另外一位重要角色登场，那就是埃及。公元前610年，刚刚登上埃及王位的是一位富有进取心的国王尼科二世。这位国王一直胸怀大志，渴望能够重塑埃及的国际强国形象。他制订计划，想要征服叙利亚和巴勒斯坦。这个计划的第一步便是答应他的“皇家兄弟”亚述国王阿舒尔-乌巴里特二世的请求，取道巴勒斯坦和叙利亚，出兵哈兰。但是，他的这次远征太迟了，无力挽救亚述王国这最后一个仅存的要塞。此时阿舒尔-乌巴里特也意识到，埃及援兵来得太迟，挽救不了哈兰，便迅速放弃这座城市。巴比伦和米底联军步步进逼，来势汹汹，攻占并洗劫了哈兰城。

尼科二世对于自己所谓的“任务”失败应该也不甚在意，因为他一定也意识到，无论如何，亚述帝国注定要灭亡。他更在意的是，亚述帝国灭亡之后会留下一个权力真空，之前臣服于它的那些属地，包括幼发拉底河以西的地区，现在无人统治。率兵北征给了他征服这些领地，尤其是叙利亚和巴勒斯坦地区的便利机会。尼科二世确信，刚刚攻克亚述帝国的巴比伦人会很快将注意力向西转移，他们同样会觊觎这些土地。他的担心确实不无道理。巴比伦国王很快就企图征服幼发拉底河和地中海之间的区域，这在巴比伦尼亚历史上是第一次。尼科二世想先下手为强，趁自己取道叙利亚和巴勒斯坦返回埃及的途中巩固自己对这块区域的统治。于是，他在奥龙特斯河边的利比拉城设立了一个区域性的大本营。他确实达成了在返回埃及的途中顺路在叙利亚-巴勒斯坦地区维护自己权威的目的——但这一结果只是暂时的。四年之后，在公元前605年，他不得不再次返回北方的这些属地，面对巴比伦人发出的对这些地区控制权的挑战。

尼布甲尼撒的统治

这里我们将介绍古代世界最流芳百世，同时（无论是否名不符实）也是最臭名昭著的人物之一尼布甲尼撒二世。毫无疑问，他是新巴比伦时代的关键人物。从严格意义上讲，我们应该叫他“尼布甲瑞撒”，因为这样才能更精确地表达这位国王名字的阿卡德语形式——“纳布-库杜里-乌苏尔”，意思是“哦，纳布，保护我的继承者”。这两个形式的名字在《圣经·旧约》中都出现了，但是“尼布甲尼撒”这个名字使用更多一些，主要出现在《旧约》的《但以理书》中。

尼布甲尼撒是新巴比伦王国的王储，是那波帕拉萨尔的继承人。在其父的指挥下，尼布甲尼撒成长为久经沙场的勇士。公元前605年，那波帕拉萨尔将远征幼发拉底河以西的唯一指挥权委托给他。这是一项至关重要的任务，因为这会导致尼布甲尼撒和埃及国王尼科迎面作战，而战争的胜者将赢得叙利亚和巴勒斯坦的永久控制权。尼科和尼布甲尼撒的最后决战发生在幼发拉底河西岸的卡尔凯美什城附近。尼布甲尼撒一方大获全胜，尼科被迫率领残兵败将退回埃及。尼布甲尼撒继续在西部作战，以巩固对叙利亚和巴勒斯坦地区的掌控。正当他忙于征战之时，突然收到消息说他的父亲那波帕拉萨尔在公元前605年5月8日去世了。尼布甲尼撒匆忙收拾起他在这一地区所获得的战利品，其中包括犹太人、腓尼基人、叙利亚人和埃及人战俘，将他们运往巴比伦，然后迅速返回首都，参加其父的丧礼，紧接着又作为王国新一任统治者登上巴比伦的王位。据说，他的就职仪式在6月1日举行——这时距他父亲那波帕拉萨尔去世仅仅24天。

但是，尼布甲尼撒的王座还没有坐热，就又一次启程西征，因为他要确保自己能够将幼发拉底河以西那些资源丰富、战略地位至关重要的地区牢牢控制在自己手中。这些地区的统治者毫不犹豫地向尼布甲尼撒保证自己绝无二心，承认巴比伦人是他们的领主，并发誓向尼布甲尼撒效忠，同时还向巴比伦进献大量贡品。在后来的十年中，为了查验这些统治者是否一如既往地效忠自己，尼布甲尼撒时常巡视这些地区。实际上，他这样做还有另外一个目的：他要考虑将来埃及可能带来的挑战。

对于埃及以北的这些土地，尼科二世也绝对没有放弃重获控制权的野心。他招兵买马企图对那里再次发动战争的消息确实传到了尼布甲尼撒的耳中。这是公元前601年的事情。尼布甲尼撒一边加强巴比伦在叙利亚和巴勒斯坦的驻军，一边决定先发制人，率军南进，在埃及军队入侵巴比伦控制的领土之前便与他们对峙。两军在位于埃及三角洲东北端的培琉喜阿姆附近遭遇。这里还是从埃及前往加沙的必经之地。两军在冲突中均死伤惨重。尼布甲尼撒不得不撤回巴比伦，重新整顿军队。据说尼科二世可能率军前进到了加沙。但即使他曾经真的到达那里，也没有再继续前进。他和埃及第二十六王朝（也叫塞易斯王朝）的继任者们后来再也没能重新掌控叙利亚和巴勒斯坦地区。因此，可以说这场战争最终的胜利者是尼布甲尼撒。

但是，尼布甲尼撒在其巴勒斯坦的属地上留下了一个悬而未决的问题。在培琉喜阿姆战役发生三年之前，犹大国的国王约雅敬曾经宣誓向他效忠。但是巴比伦和埃及军队最后一役之后，约雅敬判断尼科二世在两国的斗争中占了上风，因此便转而投诚到埃及一方。尽管约雅敬叛变了，但尼布甲尼撒还是等他在犹大国的王位上坐稳几年之后才准备采取行动对付他。公元前597年，巴比伦军队长驱直入，攻入犹大王国，包围耶路撒冷。但那时犹大国的王位上坐着的却是一位新国王。约雅敬已经在三个月前去世，继承王位的是他18岁的儿子约雅斤。这位新国王羽翼未丰，知道抵抗是徒劳的，因此便迅速向尼布甲尼撒投降。据《圣经·旧约》记载，他和自己的妃子们以及皇家随从们一起被押送到巴比伦（《列王纪下》24: 14—16）。和他们一同被掳掠到巴比伦的还有一万多人，其中包括士兵、官员、手艺人和铁匠等。

尼布甲尼撒扶植了一个叫作西底家的傀儡国王来代替约雅斤的位置。在后来的八年多里，西底家一直保持着对巴比伦领主的忠诚。但是到了第九年的时候，他叛变了。《圣经·旧约》（《列王纪下》24: 17—25: 1，《耶利米书》39: 1）中对这段历史进行了记载。西底家的反抗让尼布甲尼撒勃然大怒，他率兵对犹大国发动全面攻击，摧毁了耶路撒冷周围的乡村，然后包围了这座城市。埃及派出远征军，试图对被包围的耶路撒冷和西底家进行救援，但最后无功而返，耶路撒冷陷落。西底家想方设法带领军队逃出包围，但尼布甲尼撒的军队还是在耶利哥平原抓住了他。

犹大国的军队丢盔弃甲，狼狈不堪。西底家在逃亡途中和自己的军队分开了，最后被巴比伦军队俘获。他被押送到尼布甲尼撒设在利比拉的叙利亚指挥部（之前埃及国王尼科二世曾将这里作为自己的基地），见到了暴怒的国王。西底家因为不忠而受到尼布甲尼撒重罚。他的几个儿子先是被拖到他面前，让他眼睁睁地看着他们被处死，然后他的双眼被挖出来，用链子捆着带到了巴比伦。在接下来的一个月里，尼布甲尼撒将自己宫廷侍卫队的护卫长派到耶路撒冷，摧毁了这座城市。这件事发生于约公元前587年或586年。耶路撒冷的毁灭代表着所谓“第一圣殿时期”结束了。据《圣经·旧约》记载，那些在耶路撒冷被围困和摧毁之后的幸存者和犹大国其余的大部分国民都被赶到了巴比伦尼亚。后来，考古学家在尼布甲尼撒的南宫发现了一些泥板，上面记录了当时的食品配给名单。名单中提到了一些犹大囚虏的名字，其中包括约雅斤，还有许多其他外国人。最近发现的楔形文字泥板也证实了曾有一些囚虏定居在巴比伦尼亚中部的乡村。就这样，历史上的犹太人大流散时期开始。这个时期持续了约五十年。

耶路撒冷被毁之后，叙利亚-巴勒斯坦地区反抗尼布甲尼撒的主要中心便只剩下一个，那就是岛城苏尔[①]。苏尔城的人民一直在勇敢地坚持，拒绝向巴比伦人投降。尼布甲尼撒便下令将苏尔包围起来。根据犹太历史学家约瑟夫斯的说法，苏尔人民坚持抵抗外来者的攻击长达十三年之久（公元前586—公元前573）。甚至到了最后，尼布甲尼撒还是没能通过武力攻下苏尔城。但最后苏尔人还是投降了，不难想象，他们因为长时间的包围和物资匮乏已经变得筋疲力尽。巴比伦人终于统治了苏尔岛。他们同时还统治了苏尔北面的西顿城。

对于尼布甲尼撒统治时期的其他历史事件，我们所知不多，不过整体而言，这似乎是巴比伦尼亚历史上一个比较稳定的时期。但我们确实知道，在他统治的第十年（公元前595年），巴比伦突然爆发了一场大叛乱。国王的军队中也有不少人倒戈参与了暴动。在这些士兵遭到大规模屠杀之后，这场叛乱终于被镇压下去。

这个时期，曾经为新巴比伦王国崛起助了一臂之力的米底人怎样了呢？当初他们曾和那波帕拉萨尔一起并肩作战打败了亚述王国。但亚述王国衰亡之后的几十年里，巴比伦尼亚的历史对于米底人几乎只字未提。从这一点似乎可以推断，在那波帕拉萨尔后来统治期间以及在尼布甲尼撒统治的绝大部分时间里，两国之间保持了（相对）和平的关系。

但是，大约在尼布甲尼撒统治晚期，他下令在首都北面修建

① 也译作推罗。——译注

了一道很长的防御城墙，叫作米底长城。这座防御工事横跨西帕尔和欧庇斯之间的狭长颈部地带，那里是底格里斯河和幼发拉底河彼此最为接近的地方。当时必定出现了某种我们现在不得而知的状况，让尼布甲尼撒觉得有必要对王国腹地的防御进行巩固和加强，以抵御来自北方的威胁。这些威胁可能来自米底人，也可能来自威胁巴比伦尼亚北部边境的其他敌对力量。

《圣经·旧约》将尼布甲尼撒描述为一个十恶不赦的恶棍，如果抛开这一点不谈，这位新巴比伦帝国的第二任国王完全有理由在古代近东世界的杰出统治者中占据一席之地。从军事方面来讲，在巴比伦尼亚的历任国王中，他建立的帝国最为强盛、影响最为深远，甚至超越了汉谟拉比。他统治下的巴比伦尼亚稳定繁荣，这无疑是一个健全而有效的行政体系的产物。这个体系之所以成功，或许大部分原因是尼布甲尼撒在整个国家宣扬他对于正义的重视。在历史悠久的美索不达米亚皇家传统中，他的铭文对他的评价是一位“公正的国王”，并记录了他在铲除邪恶和不公方面的功绩，尤其是他为社会中那些受到权威阶级剥削的脆弱无助的群体伸张正义的一些案例。我们并不认为这些评价只是一种宣传手段，相反，我们认为尼布甲尼撒将弘扬正义作为自己执政期间的一个主要任务，并一直在勤勉认真地完成这项任务。

尼布甲尼撒与那些卓越的国王前辈们风格相似，也因自己是一位伟大的建设者而骄傲。而他也当得起这份骄傲，因为他积极投身于在全国各地修建新神庙、修复破败不堪的旧神庙的任务之中。首都巴比伦从尼布甲尼撒的各项建设活动中获益最多。他下令修复了供奉主神马尔都克的宗教建筑群埃萨吉拉神庙，还建造了其他各种类型的建筑，比如他下令修建了结构复杂的城墙，以保护首都巴比伦不受洪水和外敌侵袭。

当然，其中许多建设项目都需要金钱，需要战争中战利品的资金支持。另外囚犯也是战利品的一部分。战败国家和地区的大批人口被押送到巴比伦尼亚，成为尼布甲尼撒建筑工程中的劳动力，而这些战败国还远远不止犹大国这一个地区。但是尼布甲尼撒最应该被铭记的身份应该是一位建设者，而不是一名军事家——这也是他希望自己能被后世记住的一个身份，这一点在他的许多铭文中都有所体现。尼布甲尼撒的这个愿望与巴比伦人看待王权的思想意识有关。在他统治期间，巴比伦的艺术和科学取得了长足进步。在这个方面，加喜特时期的国王们为后世树立了榜样。

尼布甲尼撒的第一批继任者

尼布甲尼撒的统治结束之后的若干年里，他和父亲建立起来的帝国逐渐土崩瓦解。公元前562年，尼布甲尼撒去世，他的儿子阿莫尔-马尔都克（《圣经》中被叫作以未米罗达；《列王纪下》25: 27，《耶利米书》52: 31）即位。但他只做了两年国王，就于公元前560年在一场宫廷政变中被暗杀。他的继任者是涅格尔-沙尔拉-乌苏尔，此人另外一个更为我们所熟知的名字叫作涅里格利沙尔（按照公元前3世纪的历史学家兼牧师贝洛索斯的说法）。这个人是阿莫尔-马尔都克（以未米罗达）的妹夫，很有可能是公元前

560年那场宫廷政变的参与者之一。关于阿莫尔-马尔都克，人们注意或者记住的只是他的荒淫无度和独断专行。毫无疑问，他不得民心是造成他被暗杀的原因。

相比之下，涅里格利沙尔则是一位更加负责的国王。据史料记载，他修复了首都和博尔西帕等地的神庙，进攻安纳托利亚东南部一个叫作皮林度的国家并获得胜利。据后来的希腊和罗马文字记载，这里属于西里西亚的一部分。据一份文献内容推断，尼布甲尼撒在其统治的第十三年（公元前592—公元前591）应该也派兵攻打过此处，并从那里押回战俘。但是，巴比伦对于皮林度的统治称不上稳固。公元前556年，涅里格利沙尔去世，死因不详。他的儿子拉巴施-马尔都克即位才三个月，军队中便发生政变，将这位新国王赶下王位。发动政变的军官们拥立一个叫作纳布-纳伊德的人为国王。他更为人所熟知的名字是那波尼德斯（见图8），是巴比伦尼亚所有国王中最具争议的统治者之一。

新巴比伦王国的末代君王

那波尼德斯是新巴比伦王国的最后一位统治者。他的统治结束之后，新巴比伦王国也就灭亡了。关于他的统治我们可以根据大量的文献有所了解——但《圣经·旧约》却对这位国王只字未提，至少没有任何关于他的明确说法。原因何在？我们后面会进行解释。

那波尼德斯在他的一篇铭文中提到，在军队政变中，前任国王被处决之后，他作为一个无足轻重又毫无野心的人登上王位。

图8　那波尼德斯

实际上，他可能具有贵族血统（有迹象显示他的祖先是阿拉姆人），但他和新巴比伦这个自己亲手断送的王朝之间并没有任何血统或者亲属关系。他在五十多岁甚至年纪可能更大一点时才被拥立为国王。当初的军队政变结束拉巴施-马尔都克的短暂统治之后，他能够被抬高身份成为国王，这一点表明当时他在军队里举足轻重的人物心目中已经颇有声望，所以那些军人才认为他是国王的合适人选。

那波尼德斯至少在其统治初期曾试图树立一个良好的国王形象，努力维持巴比伦王室的悠久历史传统。他尤其注意在国内进行建设，包括修缮宗教圣殿等。他对历史和文物兴趣浓烈，这是他进行各种建筑修缮活动的原因之一。然而，他登上王位之后不久，很快便将部分注意力转向军事征战方面。他即位不久便成功对安纳托利亚东南部的休姆发动了两场战事，表明自己是一位勇士型的国王，是值得信赖的。休姆与皮林度相邻，都属于后来的西里西亚的一部分，尼布甲尼撒也曾征服过此地。总体来说，虽然那波尼德斯所制定的军事政策没能挽救新巴比伦帝国于将倾之时，这些政策的制定应该还是有据可依的，是正确的。

接下来我们要介绍的是另外一位在新巴比伦王国的最后阶段发挥重要作用的人物——那波尼德斯的母亲阿达德-古皮。她的传记被铭刻在一块石碑上，于1956年被发现于哈兰古城的大清真寺中，石碑透露了这位重要幕后人物的许多信息。通过这篇有趣的铭文，我们了解到，阿达德-古皮一直活到102岁高龄才去世。她对自己儿子的影响是巨大的，导致他实施的很多行动引起了部分国民的憎恨。从新亚述帝国末期开始，阿达德-古皮便是月神辛的信徒，在哈兰的月神神殿中虔诚地敬奉他。这里可以回顾一下，哈兰这座城市在公元前610年被米底和巴比伦联军摧毁之前曾是最后一位亚述国王的庇护所。阿达德-古皮的传记中说，月神辛生气地离弃哈兰之后，有感于阿达德-古皮对自己坚定不移的忠诚，曾经进入她的梦中，告诉她说她的孩子会被赐予国王的权力，这样他就可以在哈兰修复和重建月神的神庙以胡胡。

那波尼德斯将月神辛通过其母的梦境所传达的信息铭记于心，怀着巨大的热情投入到哈兰城和辛神庙的重建工作之中。但是，他对月神事务的投入引发了一些敌意，祭司阶层尤其不满，因为他们认为国王这样做是对传统神祇的怠慢，是对诸神之中最应受尊崇的主神马尔都克的怠慢。国王首要的义务应该是尊崇马尔都克，而不是月神辛，而且巴比伦尼亚的国民认为，那波尼德斯能够被推上王位，应该感谢的是马尔都克。事实上，在哈兰发现的一块刻有那波尼德斯铭文的石碑上记载说，国王对马尔都克的忽视和对月神辛的日益推崇在全国许多地方引起了骚乱。但是现代学者们认为，这些广泛流传的论断以及人们在宗教事务上对国王的猛烈抨击其实有些夸大其词了。还有学者认为，新巴比伦王国严重恶化的经济状况才是引起人们对那波尼德斯敌意的较深层次的根源。然而事实上，我们掌握的资料显示，在那波尼德斯当政期间，一直到公元前539年王国灭亡为止，巴比伦尼亚在社会和经济方面都保持着欣欣向荣的景象——甚至在王国灭亡后也依然如此。

那波尼德斯最为人所知的是其在位初期所采取的一项非同寻常的行动，这在他后来执政期间对新巴比伦王国产生了巨大影响。《巴比伦编年史》写道，为镇压发生在现今黎巴嫩和外约旦地区的叛乱，那波尼德斯在其执政的第三年率兵西征。接着他又率领军队从那里出发，进入阿拉伯半岛北部地区。公元前552年夏，他在绿洲古城泰马修建了一座皇家住宅。在接下来的十年间，从公元前552年到公元前543年，他一直在这里居住。至于巴比伦，他任命自己的儿子伯-沙尔-乌苏尔（《圣经》中的名字伯沙撒相对更为大众所熟知）做摄政王，管理王国的各项事务。伯沙撒似乎也兢兢业业地代替自己的父亲完成了各项工作，维持了巴比伦皇家各项重要的传统活动，同时坚定地支持供奉马尔都克的宗教活动。

学者们对于那波尼德斯搬到泰马并且长期在那里居住的原因一直争论不休。他离开巴比伦居住在泰马，主要是因为他对月神辛有明显的崇拜吗？巴比伦研究学者马克·范·德·米尔洛浦建议不要匆忙给出结论。他指出，虽然阿拉伯半岛确实流行崇拜月神辛，但在那波尼德斯的铭文中并没有明显的迹象显示他在泰马也宣扬这方面的活动。马克·范·德·米尔洛浦认为，那波尼德斯决定移居泰马，相比于宗教原因，其背后更重要的原因应该是为了遏制彼时新兴的波斯帝国国王居鲁士二世（即人们常说的居鲁士大帝）所奉行的扩张主义目标。居鲁士的野心已经威胁到巴比伦在叙利亚和美索不达米亚北部地区领土的安全。这位学者指出："如果巴比伦丢失这些领地，那么它与地中海国家之间的联系便会被切断。因此那波尼德斯可能是在探索从巴比伦向西穿过沙漠安全抵达地中海的新路线。"

与马克·范·德·米尔洛浦这种推论相关的另外一种说法是，那波尼德斯这样做至少部分原因是出于具体的商业考虑。阿拉伯半岛北部是一个富强安乐的地区，一些具有战略价值的商业路线从那里穿过，是诸如金银、乳香，以及各种异国风味的香料等商品的中转站。考古专家琼·奥茨教授说，来自大马士革、示巴、阿拉伯湾和埃及的商队路线都在泰马会合，所以“这座城市是阿拉伯贸易的天然中心，如果那波尼德斯可以在阿拉伯半岛南部兼并、建立一个新的贸易帝国，那么这将是一项可以与尼布甲尼撒相比的伟大成就”。

那波尼德斯旅居于泰马，这也许有合理而务实的原因可以解释，但他为什么在那里逗留的时间那么长呢？他在那里建立起巴比伦尼亚的权威之后，难道不可以找一个代理人进行管理，并辅以强有力的卫戍部队的支持，然后自己离开吗？几年过去了，国王需要返回首都巴比伦已经成为一个日益紧迫的要求——部分原因在于国王旅居泰马，以祭祀主神马尔都克为特色的隆重的新年节庆祝仪式便无法举行，因此这件事被搁置了十年之久。除此之外，还有另外一项紧急情况出现，要求国王尽快回国，那就是巴比伦尼亚各处国境线面临的威胁日益增长，需要国王来重新稳定国家。

在所有这些威胁之中，居鲁士大帝带来的威胁最为强大。公元前543年，那波尼德斯返回都城巴比伦，其主要动机很可能是为抵御波斯人的入侵而做准备——波斯人可能不只会入侵巴比伦尼亚的属地，还有可能入侵这个国家的中心腹地。那个时候，居鲁士已经展现了扩张野心，于公元前546年攻打安纳托利亚西部，摧毁了吕底亚王国。到了公元前543年，他确实在寻找机会，试图将统治扩张至美索不达米亚地区。那波尼德斯明白，波斯人对巴比伦尼亚的入侵已经迫在眉睫，便命人将国内主要神庙内供奉的神祇雕像运往巴比伦以便妥善保管，希望这些塑像可以免遭敌人毒手。但这只是一厢情愿的美好愿望而已，因为首都巴比伦很快也将自身难保。

居鲁士很清楚，那波尼德斯的王国很快就会成为他的囊中之物。公元前539年，他率领军队前进到底格里斯河河畔。他身边还有一个叛变到波斯一方的巴比伦尼亚总督。在欧庇斯城外，波斯军队和那波尼德斯的军队展开激烈的战斗，波斯获胜，居鲁士跨过底格里斯河，攻占巴比伦尼亚北部城市西帕尔，接着在公元前539年10月29日攻占了首都巴比伦。据推测，西帕尔和巴比伦两座城市应该都是不战而降。事实上，虽然居鲁士在欧庇斯战胜巴比伦尼亚军队的时候展示了他强大的军事实力，但他还是使用了一些宣传策略，这成为帮助他赢得巴比伦尼亚人心的有效手段。他宣称是马尔都克命令他占领巴比伦的。为了进一步向被他征服的巴比伦尼亚人展示他的友善，他要求波斯士兵不能去骚扰巴比伦以及王国内其他所有地方的神庙。

那波尼德斯的结局如何呢？他成为居鲁士的俘虏，但他最终的命运人们并不确定。一种说法是他被居鲁士处决了，还有一种说法是居鲁士命令他离开巴比伦，让他在王国其他地方生活，也许在某个地方做了总督。

事实上，还有一种说法是，那波尼德斯最后还活着，他的寿命比居鲁士和他的下一任国王冈比西斯还要长。

《圣经》传统中的巴比伦国王

也许令人吃惊的是，在《圣经》资料中没有一处提到那波尼德斯这个人。这件事最为大众所接受的一个解释是《旧约》中相关书卷的作者，尤其是《但以理书》的作者，将那波尼德斯和尼布甲尼撒的事迹合并在一起了。（犹太历史学家约瑟夫斯则错误地认为伯沙撒和其父那波尼德斯是同一个人。）他们将那波尼德斯统治期间发生的一些事曲解之后，糅合到尼布甲尼撒身上。这样的话，（《但以理书》中提到）尼布甲尼撒对自己梦境以及正确解析梦境的痴迷，实际上对应的应该是那波尼德斯在铭文中描述自己梦境的这一习惯。

更具体一点说，那波尼德斯在阿拉伯半岛沙漠中旅居十年这件事，在《圣经》中被描写成尼布甲尼撒精神分裂了七年；这七年里，上帝令尼布甲尼撒在荒野中度过（作为对他的狂妄自大以及他对自己首都夸耀的惩罚），与野兽一同居住，以草为食，头发长长，好像鹰毛，指甲长长，如同鸟爪（《但以理书》4: 28—33）。这种骇人听闻的形象通过威廉·布莱克的著名绘画作品在后世保留下来（见图9）。事实上，《圣经》对尼布甲尼撒的描述极大地影响了后世对这位国王的认知——至少在19世纪近东世界的语言没有破解之前，人们对他的印象一直如此。到了19世纪，与尼布甲尼撒统治相关的楔形文字资料才被发现和翻译，使人们能够更加准确、更加公正地看待这位国王。这些资料突出强调了他在诸如物质、社会、文化和政治等许多方面的正面成就。

图9　威廉·布莱克笔下的尼布甲尼撒

在《但以理书》中，尼布甲尼撒最后向上帝忏悔了他的罪过并顺从上帝，他的神志、王位和王国也都重新归还于他。接下来他的儿子即位。这位国王在《圣经》中的名字叫作伯沙撒。在他统治期间，巴比伦王国在突如其来的混乱中走向灭亡。《圣经》中有这样一个情节：伯沙撒在宴会厅宴请一千位大臣，墙上出现一只人手开始书写文字。这个故事在后世尤其通过荷兰画家伦勃朗的名画得以流传（见图10）。那只手写在墙上的文字是：弥尼，弥尼，提客勒，乌法珥新。这些文字代表着货币价值按从大到小的排列顺序，意味着经济逐渐缩水。按照但以理的解释，这代表伯沙撒的死期即将来临，而波斯人将征服他的王国："神已经数算

图10 伯沙撒看到“神圣之手在墙上书写文字”，伦勃朗绘

你国的年日到此完毕……你被称在天平里，显出你的亏欠……你的国分裂，归与玛代人[①]和波斯人。”（《但以理书》5: 26—28）

这里我们有必要解释一下：根据《圣经》的讲述，但以理是以色列贵胄中的一位年轻人，他“没有残疾、相貌俊美、通达各样学问、知识聪明俱备，足能侍立在王宫里”（《但以理书》1: 3—4）。（但以理后来被巴比伦太监长重新取名为伯提沙撒。）《圣经》中的这段叙述无疑反映了尼布甲尼撒时期实行的一个总体政策：从那些被带到巴比伦的囚徒中挑选具有特别品质和天资

① 即米底人。——译注

的人，对他们进行适当训练，让他们将才干发挥出来，以利于巴比伦文化、精神、政治等各方面的发展。这些有才干的人得以确保在征服者的土地上能够享受舒适的生活条件并有晋升机会。

《但以理书》大约编写于公元前3世纪至公元前2世纪之间。几乎可以肯定，经卷的作者对于新巴比伦王国的历史应该非常熟悉，他们知道伯沙撒并不是尼布甲尼撒的儿子，而是巴比伦最后一位国王那波尼德斯的儿子，他们也知道伯沙撒本人没有做过国王。虽然在他的父亲离开巴比伦旅居于泰马时他曾经代为行使国王的许多职责，但在那个时期的铭文中，伯沙撒只是被称为“国王的儿子”。在那波尼德斯返回巴比伦重新全面行使国王权力之后，伯沙撒便主动回避了。

由此可见，《但以理书》的作者们大幅改写了新巴比伦王国的历史，他们将尼布甲尼撒的继任者从四位减少到一位（而他们保留的这位伯沙撒，本人却并没有做过国王）。他们这样做的意图是让故事情节尽量简单。他们删去了统治时间较短、在历史上相对无足轻重的国王们的事迹，这样才能帮助他们把想要传达的信息更加有力地传达出来。尼布甲尼撒在他们的故事中是罪魁祸首，因为他毁灭了耶路撒冷，将那里的大批居民放逐到巴比伦。在这里我们需要强调的很重要的一点是，在尼布甲尼撒实施这些暴行的时候，他得到了上帝同意；因为这些子民罪大恶极，上帝想要惩罚他们，而尼布甲尼撒是上帝实施这些惩罚的手段。但这之后他却迎来了上帝对巴比伦的最终惩罚，这一次波斯人是上帝用来表达愤怒的工具，他们摧毁了巴比伦这一邪恶的帝国以及巴比伦最后一位国王，也就是尼布甲尼撒所谓的“王储”伯沙撒。在《圣经》中，伯沙撒最后的暴行是他亵渎了神明，把他的父亲洗劫耶路撒冷时从神庙中拿出来的圣器作为宴席上饮酒取乐用的酒杯。

第八章

尼布甲尼撒时期的巴比伦

这大巴比伦不是我用大能大力建为京都，要显我威严的荣耀吗？

（《但以理书》4: 30）

尼布甲尼撒时期的都城

到了尼布甲尼撒统治末期，巴比伦已经成为当时世界上最大的城市（见图11）。他的上一任国王，也就是他的父亲那波帕拉萨尔在推翻亚述领主的统治之后，便开始着手在王国的各个城邦进行重建工作。在那波帕拉萨尔所取得的各项成就之中，他本人最引以为豪的事情便是重建了巴比伦，倡导并恢复了巴比伦尼亚古老的传统和习俗——尤其是历史悠久的宗教仪式、他们所尊崇的神祇，并重修了举行宗教仪式的神殿和祭祀中心。尼布甲尼撒以热切的精神追随其父的脚步。在他的统治下，巴比伦在文化、精神和物质等各方面都达到了辉煌的顶峰。在他统治期间，王国内的其他城邦也大为受益，尤其是在物质发展方面。要在巴比伦尼亚的城邦中开展大规模的建设工程，在人力、财力以及建筑材料等各方面都需要有丰厚的资源支持。这些资源在很大程度上

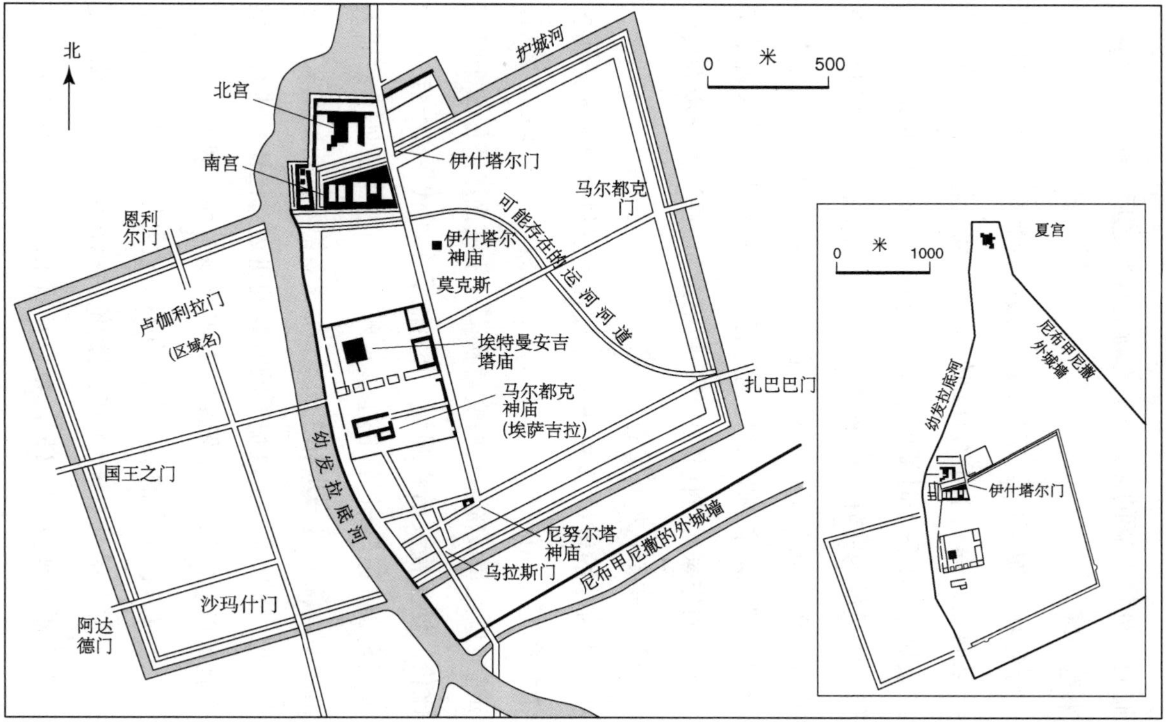

图 11　尼布甲尼撒统治时期的巴比伦

都来自那波帕拉萨尔和尼布甲尼撒在军事活动中所获得的战利品。他们四处征服新的领地，在战场上获胜之后，便将战利品收集起来运回国。

关于巴比伦城本身在历史上这一最为灿烂辉煌时期的情况，考古学家向我们提供了相对详细的信息。罗伯特·科尔德威的发掘结果显示，在各个时期的地层中，新巴比伦王国时期的巴比伦城保存状况最为完好。后来，伊拉克古物总局自1958年起所进行的考古发掘也证明了这一点。尼布甲尼撒统治时期流传下来的楔形文字记录对首都巴比伦也进行了很多描述。后来古希腊和罗马时期的作家对巴比伦也有一些记录和描写，进一步为我们提供了（虽然通常不太可靠的）信息。

在古典时代的资料当中，最有启发性的资料来自古希腊历史学家希罗多德。他的著作是在尼布甲尼撒去世大约100年之后，即公元前5世纪写成的。这些文章从诸多角度描述了他那个时代的巴比伦。这里需要着重强调一下“他那个时代”这一点，因为到了公元前5世纪，新巴比伦王国已经陷落，巴比伦处于波斯人的统治之下。需要进一步补充的是，希罗多德本人可能从来没有去过巴比伦，而是根据去过那里的游客的讲述对巴比伦进行了描绘。而且可以确定的是，希罗多德对巴比伦各处奇观的一些描写过于夸张，与考古学家的实地发掘有不一致之处。虽然如此，在大部分关于尼布甲尼撒统治时期巴比伦的描述中，希罗多德的文章仍然占有重要地位，对其同时期以及后来的古典时代均具有深远的影响，人们对于巅峰时期的巴比伦的理解也由此形成。

关于尼布甲尼撒时代的巴比伦，最可靠的信息来源依然是考古记录。从发掘出的遗迹来看，这一时期的巴比伦都城占地面积约有450公顷（如果算上城东的防御外墙之内所有区域的话，占地面积是850公顷）。幼发拉底河从城中穿行而过，将它分成大小不一的两个部分，面积大一点的地区在幼发拉底河东岸。一座桥将这两个区域连接起来，支撑的桥墩筑成船形。从桥上通过需要交通行费，也可以乘渡船过河。河流的两岸用烧制的砖头筑造成巨大的屏障来加固河堤，对抗水流侵蚀，抵御洪水。城中的水道呈网状，分流了幼发拉底河的河水。

巴比伦城高大厚实的城墙是在那波帕拉萨尔时期动工、尼布甲尼撒时期完工的建筑工程之一。实际上，这些城墙的历史可以追溯到新亚述王国时期，甚至更早。城墙有两道，一道外城墙和一道双层内城墙。外城墙约有18公里长，将幼发拉底河东岸的城区部分环绕起来，同时还将位于城市最北端的尼布甲尼撒的所谓"夏宫"也包围进来。外墙之外还有护城河，河水引自幼发拉底河。沿河还有一道与它长度相当的防御土墙，以进一步抵御敌人的侵袭。

双层内城墙大致呈长方形，由内外两道墙组成，全长只有8公里，将巴比伦城的主要建筑环绕起来。内城墙同样有护城河保护，河水也引自幼发拉底河。根据希罗多德的描述，这道双层内城墙的顶端是一条很宽的路，可供一辆四匹马拉战车通行。沿路左右是两排单个房间大小的塔楼。（公元前1世纪的希腊历史学家西西里的狄奥多罗斯说，两辆四匹马拉战车可以在这道城墙上面的路上错身经过。）希罗多德甚至说这道城墙总共连接起了一百多道城门。但后来古典时代的作家们也意识到，希罗多德的统计总的来说言过其实。不过毫无疑问的是，在尼布甲尼撒统治时期的巴比伦，这些城墙蔚为壮观，令人叹为观止——古典时代的一些作家因此将它称为古代世界七大奇迹之一。

穿过这些城墙进入巴比伦的城门总共约有九座，但其中只有部分城门被发掘出来。不过我们通过楔形文字记录可以知道每一座城门的名字。它们是用神明的名字来命名的，比如有阿达德门、沙玛什门、恩利尔门和马尔都克门。这些城门中最著名的一座是献给女神伊什塔尔的（见图12）。最早的伊什塔尔城门有15米高，饰有蓝色釉砖上的龙造型和一些其他动物浮雕。在德国柏

图12　巴比伦伊什塔尔门复制品

林的古代近东博物馆可以看到伊什塔尔城门的部分重建品。这座城门与250米长的游行大街相连。这条大街是巴比伦最具标志性的景观之一，也是一年一度新年节的主要举行地。

新年节

在巴比伦和其他巴比伦尼亚城市，名为阿基图的新年节是一年一度的节日中最为重要的一个，庆祝活动会持续12天。人们会把王国内主要神祇的雕像集中起来，庆祝春天的到来，还会举行一个宗教仪式，再现马尔都克战胜邪恶势力的场景。在阿基图节的第五天，马尔都克之子纳布神的神像会从供奉他的博尔西帕城通过船只沿幼发拉底河运送过来。和它一起抵达的还有从其他城市运送而来的其他主要神祇的雕像。运送船只都是特别制作的，上面用宝石进行了精美的装饰。

这些神像抵达巴比伦之后，人们会抬着它们游行。国王和臣民们跟在神像后面，进入供奉马尔都克神像的神庙建筑群埃萨吉拉，然后国王进入神庙最核心的圣殿。在这里，所有象征他身份的象征物都会被除去，然后他被揪着耳朵，挨上几个耳光。这种仪式性的羞辱结束之后，国王在马尔都克神像面前鞠躬，向这位伟大的神明保证在过去的一年里他没有犯什么错误，也没有忽视自己的宗教职责以及自己对国民应尽的义务。然后他再挨上几个耳光，这耳光的力度要能够打到让他流泪（这样才能获得神明的认可）。最后，国王的象征物被归还给他，这一天的仪式便结束了。

新年节的第六天，马尔都克神像会离开神庙区。人们会举行一个盛大的公共游行，以庆祝他重新获得权力、树立权威。国王和马尔都克的神像会走在游行队伍的最前面，国王“执马尔都克神之手”，其他神像跟在他们后面。一路上张灯结彩，游行的人们载歌载舞。大部分巴比伦人都会参加这个庆典。游行队伍沿着游行大街前进，穿过伊什塔尔城门，沿着幼发拉底河一直走到阿基图神庙。在这里还要举行更多的仪式，庆祝活动一直持续到新年节的第十一天。此时，众神的神像再次返回巴比伦，这样庆祝王国和它的主神新生的仪式才算基本结束。新年节会以一个盛大的宴会作为结尾，宴会之后，巴比伦其他神明的神像会乘坐他们镶满宝石的水上工具回到自己所在的城市。

宫殿和神庙

在巴比伦国王的领土之内，许多地方都建有皇家住所，但尼布甲尼撒在巴比伦建造的宫殿是所有皇家宫殿之中最为宏伟的。在他之前，他的父亲那波帕拉萨尔已经在游行大街西侧与其毗邻的地方修建了一座壮观的宫殿，叫作“南宫”。后来尼布甲尼撒将南宫进行重新扩建。考古挖掘发现，最终定型的南宫拥有五进庭院，包含许多房间和接待室。尼布甲尼撒的正殿位于最大的院落。正殿在规模上与凡尔赛宫的镜厅相似，据说这里便是伯沙撒举行宴会的地方。南宫是尼布甲尼撒在巴比伦最重要的皇家居住地，但在其统治末期，这位统治者在南宫的北面紧挨着它又建造了一座宫殿。曾有理论指出，这座后来建成的北宫应该包含一座博物馆，依据是在此处发现了大量的古代遗物，包括一座玄武岩雕刻而成的巴比伦之狮，另外还有不同神明、国王和总督的雕像和石碑，其中有些可以追溯到公元前3千纪。但这个理论现在已经被彻底否定。南北两座宫殿都有强大的防御系统来保卫王室安全。

巴比伦还有第三座宫殿，是尼布甲尼撒在城市最北端建造的。这座宫殿位于巴比伦外城墙的旁边，俗称“夏宫”，因为考古学家曾经以为在宫殿内发现的一处遗迹是通风井。但过了很久之后才发现，这些遗迹是帕提亚时代人们在夏宫遗址上建造的一座堡垒的地下部分。不管真相如何，“夏宫”远离城市中心却又依然处于外城墙的防御工事之内，因此既可以为国王在城市的喧嚣之外提供休憩之处，又因为离城市中心不算遥远，可以为国王处理首都和国家事务带来便利。

位于巴比伦城市最核心区域的是整个巴比伦尼亚世界最神圣的建筑群。这里的神庙用围墙围护起来，名为埃萨吉拉神庙区。这个名字来源于苏美尔语，意思是“有高耸屋顶的寺庙”。神庙的历史至少可以追溯至公元前2千纪早期，自古以来一直被尊崇为至圣之地。神庙中建有圣殿，供奉巴比伦尼亚最重要的神祇马尔都克。公元前689年，辛那赫里布洗劫巴比伦时曾将神庙摧毁。到了亚述王国晚期，这里进行了部分重建，被辛那赫里布抢走的马尔都克神像也回归原位。然而到了尼布甲尼撒时期，他下令对神庙区进行彻底重建，加盖了9米高的入口，增添了用稀有金属材料装饰的供奉室，房门和天花板的横梁使用的材料是从黎巴嫩运来的雪松木。神庙区内还包含供奉其他巴比伦神祇的圣殿，这些神祇包括马尔都克的妻子萨帕尼特和他的儿子纳布，后者是书吏们的守护神。（这是书吏在当时社会中重要性的明显体现，因为这个职业的守护神是巴比伦尼亚的主要神祇之一。）在一篇铭文中，尼布甲尼撒说他命人将马尔都克的圣殿覆以金箔，因此这座圣殿像太阳一般闪耀。

在巴比伦主要的宗教区域内，埃萨吉拉神庙区正北是巴比伦第二重要的神庙区——埃特曼安吉神庙，即“天地之基神庙”。供奉马尔都克的塔庙就位于这里。这位神祇的圣殿坐落在一个六层高的平台上，于约公元前2千纪晚期建成，也有可能更早一些。埃特曼安吉神庙后来也被辛那赫里布摧毁，后来他的继任者们进行了部分修复工作。但是，和埃萨吉拉神庙一样，埃特曼安吉神庙在那波帕拉萨尔统治期间进行早期重建之后，主要部分是在尼布甲尼撒时期重新建造的。《圣经》传统中有名的“巴别塔”就是以这座神庙为原型的。

埃萨吉拉神庙和埃特曼安吉神庙两个神庙建筑群在巴比伦人的宗教生活中占据了主导地位，也是巴比伦独具特色的风景。塔庙尤其是引人注目的地标性建筑，同时它还是一个颇有用处的瞭望点，在敌人进犯时可以发出预警。除此之外，巴比伦城中的各个区域还有许多其他神庙，比如沙玛什神庙和女神古拉的神庙。这些神庙与巴比伦的城市建筑更加紧密地融合在一起；它们没有被围合成神庙区，而是隐藏在周围的民宅中。

与早期巴比伦的住宅区一样，这个时期的住宅大部分可能是通过狭窄的街道相连通的。这些街道并无规划，因此布局凌乱，有时还会有死胡同。房屋本身也和过去的房屋没有什么区别，有围墙将它们与外界隔开。几个房间围起来，中间形成一个院子，这样房间便不会阴暗，也可以通风。富裕的人家有时可能有一进或者几进院落，个别人家的房子会建成两层。

巴比伦“空中花园”

当然，在离开尼布甲尼撒统治的巴比伦之前，我们不能不提到后世人们印象中与巴比伦有关的最著名也是最有争议的历史遗迹之一——所谓的“空中花园”。

“空中花园”的故事颇具浪漫色彩。公元前3世纪，巴比伦祭司贝洛索斯（用希腊文）写了一部描述巴比伦历史和传统的著作，“空中花园”的故事便出自这里。但不幸的是，这部作品现在只有部分内容还留存于世。“空中花园”的故事由于史学家约瑟夫斯的引用而得以从这部著作中保留下来。故事讲的是尼布甲尼撒的妻子，来自米底王国的安美依迪丝王妃非常怀念家乡山中葱郁的景色（而巴比伦尼亚多是平地，风景也毫无特色，与米底截然不同）。因此，国王竭尽所能，想为她在巴比伦打造一个与米底家乡相似的环境。他命人建造了几层高高的石台，上面种植了各种花草树木。他希望这个建筑可以让王妃想起米底家乡郁郁葱葱的山林，这样她在巴比伦的新环境中也能更加轻松自在。“空中花园”可以说是为讨一位思乡的异国新娘的欢心而建造的。

贝洛索斯所说建有“空中花园”的宫殿，可以很容易地判断出是尼布甲尼撒的北宫。但不管是在北宫还是邻近的南宫，抑或是巴比伦的其他地方，人们都没有找到可以证明是“空中花园”的遗迹。事实上，虽然“空中花园”一直是世界公认的七大奇迹之一，但唯独这个奇迹的真实性还有待证明。罗伯特·科尔德威声称自己发现了“空中花园”遗址的说法已经被证明无凭无据，而其他各种认为“空中花园”在巴比伦某处的说法也都被一一证伪。除此之外，我们还需要补充一个事实：无论在尼布甲尼撒时代还是其后，都没有一份楔形文字的历史资料提到过“空中花园”。尤其值得玩味的是，一谈到巴比伦的各种奇迹便滔滔不绝的希腊历史学家希罗多德从来没有说过哪怕一个词来描述“空中花园”。

我们还需要指出，在古典时代的资料中，提到“空中花园”的那些资料几乎没有一个将其归功于尼布甲尼撒。有一种传统认为，建造“空中花园”的是希腊神话中的传奇王后塞弥拉弥斯。她的历史原型是一位公元前9世纪的亚述王后。但在近东历史上，尤其是幼发拉底河河畔和伊朗地区的许多伟大历史遗迹，被归功到塞弥拉弥斯身上的不止一处。西西里的狄奥多罗斯认为，“空中花园”的建造者不是塞弥拉弥斯，而是后来叙利亚（他可能想说的是“亚述”，而不是叙利亚）的一位国王。这位国王娶了一位波斯的妃子，她怀念自己家乡山中的草地，渴望能看到类似的景色，因此国王应她的要求修建了一座“空中花园”，在逐渐上升的梯形高台上建造了一座人工园林，高台的重量由一系列的廊台或者拱顶支撑。

虽然狄奥多罗斯与贝洛索斯描述的“空中花园”有相似之处，

但是我们所接触到的古典时代文献整体上存在着前后矛盾之处。这不可避免会引发这样一些疑问:“空中花园”的传说有没有历史依据?“空中花园”位于尼布甲尼撒时代的巴比伦这种说法是不是无稽之谈?“空中花园”的概念是否只是一件具有异国风情的近东园艺展品所引发的一个浪漫的想象而已?在关于“空中花园”的无数辩论中,有人确实提出了这样一个解释。

但即便如此,仍然时常有人指出“空中花园”的传说是有历史事实可依的。最近,历史学家史蒂芬妮·达丽博士对这种观点进行了详细的辩护。她认为,“空中花园”确实存在,但它并不在巴比伦。达丽博士指出,古典时代文献中常会把巴比伦与亚述王国的首都尼尼微混淆(有时候人们还会把其他并非巴比伦的城市称为“巴比伦”),基于此,她提出“空中花园”应该在尼尼微。

达丽博士引证的论据之一是,公元前7世纪的一篇铭文中描述了一座位于尼尼微的建筑,与古典时代后期文献中描述的“空中花园”存在不少相似之处。她还指出,1854年在发掘尼尼微古城时出土了一块浮雕,上面描绘的图案是在一层层升起的高台上种着成排的树木。因此达丽博士的结论是“空中花园”是亚述国王辛那赫里布在尼布甲尼撒成为巴比伦国王之前在尼尼微修建的,而且建造者在修建的过程中便怀有让这座花园成为“世界奇迹”的想法。

这便引出另外一个问题:当时“空中花园”是如何浇灌的?达丽博士认为,辛那赫里布时期使用了一种新的浇铸青铜的方法,工匠们用这种方法制造出一个巨大的螺旋水泵,这样就可以不间断地将大量的水从河中汲取出来，输送到“空中花园”的各层平台上去。

鉴于目前缺乏确凿的证据，达丽博士的“尼尼微论”现在只是猜测性质的推论。一些学者指出，亚述王国时期应该还未掌握制造巨型螺旋水泵的技术，因此无法实现为悬空森林提供足够灌溉水源的功能。更重要的是，在尼尼微，考古学家还没有发现辛那赫里布的“空中花园”的遗迹。是否有机会进一步探索这种可能性，我们拭目以待。

第九章

晚期的巴比伦尼亚

（公元前 6 世纪—公元 2 世纪）

波斯人统治下的巴比伦尼亚

在以赛亚的预言中，巴比伦的命运将是无比凄凉的："巴比伦素来为列国的荣耀，为迦勒底人所矜夸的华美，必像神所倾覆的所多玛、蛾摩拉一样。其内必永无人烟，世世代代无人居住。阿拉伯人也不在那里支搭帐棚，牧羊的人也不使羊群卧在那里。只有旷野的走兽卧在那里，咆哮的兽满了房屋；鸵鸟住在那里[①]，野山羊在那里跳舞。豺狼必在他宫中呼号，野狗必在他华美殿内吼叫。巴比伦受罚的时候临近，他的日子必不长久。"（《以赛亚书》13: 19—22）在《圣经》传说中，这便是巴比伦故事的末日结局——在伯沙撒举行宴会的大厅墙壁上，突然出现的文字宣布巴比伦即将毁灭，那神秘的文字预言了伯沙撒的死亡，还说"米底人"（即波斯人）将会在那天晚上攻占他的王国。

但事实上《圣经》对巴比伦灭亡的预言过于夸张了。公元前

① 汉语译本的《圣经》大都将这句翻译为"鸵鸟住在那里"。——译注

539年秋天，居鲁士入侵巴比伦尼亚，并在欧庇斯城附近的一场战役中以摧枯拉朽之势击溃了那波尼德斯的军队。从此之后，巴比伦尼亚的所有抵抗实际上已经结束。对于居鲁士来说，无上荣耀的时刻应该是他得意洋洋胜利进入巴比伦城的时刻。据说当时城中人人欢欣鼓舞，欢天喜地。一篇著名的巴比伦铭文对此进行了记载，文中讲到巴比伦城所有居民——事实上整个王国的居民，包括国王和王子们——在居鲁士到来的时候，纷纷对他鞠躬致意，亲吻他的脚，称颂他的名，兴高采烈地欢迎他成为这个国家的新王。这篇铭文刻在一个黏土圆筒上，一般被称为"居鲁士铭筒"，于1879年发现于巴比伦，现存于大英博物馆内（见图13）。虽然铭文的作者不详，但这篇文章极大可能受到了波斯人的影响，带有浓重的《圣经》弥赛亚救世主风格。在这篇铭文以及居鲁士当地支持者的其他作品中，那波尼德斯基本都会被单独挑选出来，针对他的语言往往极其尖酸刻薄。

图13　居鲁士铭筒

事实上，巴比伦尼亚首都人民对于居鲁士的态度可能并没有这些文章所描写的那么热情——那波尼德斯可能也远远没有这些文章所竭力描述的那样令人厌恶。在居鲁士进入巴比伦城之前，他的军队即使没有真正采取什么军事行动（对此我们并不能完全确定），应该也已经事先谨慎地排除了各种危险。但居鲁士应该很快便赢得这些新国民的爱戴，这尤其是因为从他踏入巴比伦城那一刻起便对士兵严格约束，要求他们不能危害城市——不能抢劫，不能毁坏建筑，不能杀戮居民。事实上，居鲁士一开始便清楚地表明，巴比伦以及巴比伦尼亚历史悠久的传统、信仰、神明和宗教习俗都会受到尊重、保护并将得到延续。

他这种善意最典型的一个例子是：当初波斯军队即将大举压境之时，那波尼德斯为了妥善保护神祇们的雕像，命人将这些神像从供奉它们的城市全部运到巴比伦。居鲁士入城之后便下令将所有神像安全送回本来供奉它们的神殿。他宣布自己是巴比伦主神马尔都克的虔诚信仰者，并以马尔都克选定的代理人自居，声称自己将代表马尔都克统治世界，恢复那波尼德斯所忽视或摒弃的巴比伦尼亚传统。为了进一步让自己恢复巴比伦人的古老传统的行为更加引人注目，居鲁士还设法消除了那波尼德斯统治时期留下来的每一抹痕迹，并下令将那波尼德斯的名字从这片土地上的所有纪念碑上抹去。

居鲁士尊重并维护巴比伦尼亚传统的另一个表现是，任命王储冈比西斯作为自己的代表去参加一年一度的巴比伦新年节。之前因为那波尼德斯旅居阿拉伯半岛，巴比伦人已经很久没有庆祝过这个节日了。居鲁士自己还承袭了巴比伦尼亚国王很多的传统头衔和角色。波斯帝国的第一首都苏萨城现在已经超越巴比伦，成为近东世界的权力中心。但居鲁士仍然保留了巴比伦作为皇家首都的地位，同时它也仍然是美索不达米亚主要的行政管理中心。巴比伦的官员体系也基本原封不动地保留，只不过现在是由一位波斯任命的总督来进行管理。

《圣经·旧约》对居鲁士也给予了非常正面的评价，称他是"耶和华所膏"（《以赛亚书》45: 1），因为他释放了巴比伦之囚，让犹太人摆脱了几十年来所受的奴役返回自己的家乡，在耶路撒冷重建被毁灭的家园和神庙。许多犹太人确实返回了故土，但还有许多犹太人决定留在巴比伦。事实上，对于年轻一代犹太人来说，巴比伦尼亚才是他们的家乡。对于有进取心的人而言，无论出生在哪里，在巴比伦尼亚这样一个地方，都可以通过一系列的商业、文化或者智力方面的活动过上舒适的生活。因此，在居鲁士下令释放犹太人很久之后，依然有大量犹太人生活在巴比伦尼亚，享受着这里的生活所提供的种种便利。

在居鲁士的继任者冈比西斯统治期间，巴比伦尼亚整体上似乎一直是波斯帝国一个稳定、繁荣、和平的属地，但其中也有不和谐的元素存在。冈比西斯去世后，两个自称是那波尼德斯后裔的巴比伦人（每一位的名字都是尼布甲尼撒）先后在巴比伦尼亚反叛军的支持下夺取了巴比伦的王位。冈比西斯的第一位继任者大流士一世是位很有才干的国王，他终止了叛乱者的野心，击败他们的军队，将他们投入监狱后处死。巴比伦尼亚的生活表面上又重归宁静。大流士一世个人则与巴比伦保持着密切的联系，有不少冬天都是在那里度过的。后来他又任命王储薛西斯作为自己在巴比伦的代表，来表达他对这座城市的重视。大流士一世还在巴比伦修建了一座新的宫殿作为薛西斯的皇家住所。因为这一举措，公元前486年大流士一世死后，薛西斯对巴比伦尼亚的统治才得以平稳过渡。

但在巴比伦尼亚至少一部分人当中，对波斯统治的抵抗情绪一直在持续发酵。薛西斯为了给自己的军事行动提供资金支持而对国民横征暴敛，似乎是在给这种反抗情绪火上浇油。（事实上，巴比伦尼亚是所有波斯属地中苛捐杂税最沉重的地区之一。）在这种动荡不安的局势之下，巴比伦尼亚有两位"国王"试图夺取王位，重新获得独立。巴比伦尼亚人大力支持这两位"国王"，派来的波斯人总督也被他们杀了。但是，和前面两位时运不济反抗大流士一世的"尼布甲尼撒"相比，这两位"国王"同样没有成功。他们的起义同样遭到镇压，巴比伦尼亚的首都被占领，波斯人再次统治这个国家。薛西斯后来可能对首都采取了进一步的报复行动，包括洗劫马尔都克神庙。

事实上，一些学者认为，希罗多德著作中（3.152—158）提到长期包围并洗劫巴比伦的波斯国王应该是薛西斯，而不是他所说的大流士。但是对于这一段过往，历史学验证上存在着不少问题。希罗多德对公元前5世纪中期巴比伦的描述，并没有迹象表明那个时期的巴比伦曾被洗劫或者掠夺过。相反，虽然这座城市已经不复往日辉煌，但仍然会让游人产生深深的敬畏和赞叹，这可能也得益于当时新的建设项目。公元前465年，薛西斯被暗杀，王储阿尔塔薛西斯一世即位。这些新的建设项目正是在他的命令下实施的。

总的来说，波斯统治下的巴比伦尼亚仍然是一片繁荣的土地，不少城市仍然是繁忙的贸易和商业中心，同时它们依然享有作为重要知识中心的盛誉。这些特点吸引了一批批其他国家的人来此定居。巴比伦本身以及后来古典时代的文献资料都提到，在巴比伦和巴比伦尼亚其他城市生活着来自不同国家和地区的人。大街上熙熙攘攘的人群之中，有来自东方的印度人、阿富汗人和伊朗人，有来自南方和西南方的阿拉伯人和埃及人，有来自北方的亚美尼亚人，还有来自西北方的叙利亚人、希腊人、卡里亚人、吕底亚人和弗里吉亚人。这时城市的街道上能听到各种不同的语言。在政治方面，巴比伦尼亚在波斯帝国时代可能只处于边缘地位，但在世界化和多元文化方面，与以往任何一个时期相比，巴比伦尼亚可能都更能称得上近东世界的国际汇聚地之一。

亚历山大大帝与巴比伦

虽然在阿尔塔薛西斯之后的几位继任者统治时期巴比伦尼亚仍有动荡，波斯统治依然持续到公元前330年。这一年，波斯帝国剩余的最后几块土地落入亚历山大大帝之手。前一年，亚历山大大帝与波斯国王大流士三世在美索不达米亚北部的村庄高加米拉附近进行了一场关键的战役，结果亚历山大大帝大获全胜。虽然大流士三世设法逃出战场，他后来还是被自己阵营中的一位将军暗杀。也是在这一年，亚历山大迅速占领巴比伦尼亚，胜利进入首府巴比伦。此时历史上的一幕似乎重演：两百年前，波斯帝国的建立者居鲁士大帝声称自己进入巴比伦时受到了热情的欢迎，而两百年后，波斯帝国的毁灭者亚历山大大帝同样受到巴比伦人民热烈的欢迎。

和居鲁士一样，亚历山大也想方设法对巴比伦历史悠久的传统表达尊重和敬畏之心，以赢得民心，但他表达尊重的方式更侧重物质方面——他下令对城中的重要建筑，尤其是宗教建筑进行修复。于是，埃特曼安吉和埃萨吉拉神庙区域的重修工程开始。塔庙也被拆除（当时的楔形文字泥板中提到将塔庙的泥土运走的工作），以便对其进行重建（虽然这一工程后来没能完工）。据资料记载，亚历山大大帝当时的构想是在其统治期间让巴比伦重拾辉煌，因为这位君主打算将其作为自己新征服帝国的首府，以联通东西两个世界。

亚历山大大帝在巴比伦停留几个月后，便开始继续向东征战，进入波斯帝国腹地，然后继续向巴克特里亚（位于今阿富汗）和印度进发。八年之后，他重返巴比伦。此时是公元前323年的春天。修复埃萨吉拉神庙区的工作进展迅速。但是，这一次亚历山大并没有准备在巴比伦停留太长时间，因为他这次来到这里的目的是为远征阿拉伯半岛做准备。结果他再也未能离开巴比伦，因为就在他准备出发进行新的征战之前，他高烧不止，十二天后便支撑不住去世。公元前323年6月13日，亚历山大大帝病逝于自己梦想中的新首府巴比伦，年仅32岁。这位年轻国王去世之后，将巴比伦再次打造成一座伟大的皇家都城的雄心便就此结束了。

塞琉古帝国和罗马时期的巴比伦尼亚

亚历山大大帝死后几年，他麾下的主要军官，即所谓的“继业者”或“继承者”们，针对如何瓜分亚历山大大帝刚刚赢得的庞大但又脆弱的帝国开始了喋喋不休的争吵，一时间战事频仍。公元前320年，继业者们在叙利亚举行了一次会议，试图达成权力分配协议，瓜分帝国的不同区域。在这次会议上，亚历山大的一位坚定战友，一个名叫塞琉古的人获得了巴比伦尼亚省的控制权。这次任命对于他将来的生涯乃至后来其王朝的继任者们都具有至关重要的作用。但是，巴比伦尼亚的控制权后来一度被亚历山大的另外一位继业者夺走。此人名叫安提柯（绰号“独眼”），凶狠残暴、身经百战。巴比伦尼亚以及巴比伦因为安提柯与塞琉古两方针锋相对、争夺激烈而处于混乱的漩涡之中。

最后塞琉古一方在漫长的竞争中胜出，重新在巴比伦尼亚建立稳固的统治。在此之前，塞琉古与其他几个继业者组成联盟，在（安纳托利亚）战场上将安提柯杀死。此时，除了之前已经掌控的领地之外，塞琉古还占领了叙利亚境内一大片狭长的区域。就这样，他创建了塞琉古帝国，其疆土扩展至近东世界的辽阔区域。他在帝国内新建了许多城市，塞琉古王朝的继任者们也效仿他，继承了这一传统。塞琉古和希腊人共同对其中许多城市进行殖民统治，同时他又推行政策要求保留和尊重这些城市和地区的传统习俗和信仰，规定新、旧殖民地中的本地人和希腊人一样可以获得公民资格。另外，非希腊人团体也可以受到塞琉古统治者的捐赠和赞助，他们的宗教仪式、信仰和圣所也同样受到保护和尊重。

但也是从塞琉古统治开始，巴比伦渐渐失去了近东世界的重要中心地位。与亚历山大不同，塞琉古不打算将巴比伦作为新首都，而准备在巴比伦以北约90公里处的底格里斯河河畔建造一座新首都，名字叫作“底格里斯河畔的塞琉西亚”。这座城市吸引了许多新的定居者，其中不少人来自巴比伦尼亚甚至巴比伦城。虽然创建者塞琉古声称要保留传统的习俗和做法，但是在这里，希腊文化还是不可避免地侵蚀着巴比伦尼亚和其他地区古老的生活方式。不过，巴比伦依然是该地区重要的宗教中心。塞琉古的继任者，他的儿子安条克一世下令重建巴比伦最神圣的区域埃萨吉拉，从而保证了巴比伦在宗教方面的重要地位。这种情况一直持续到公元前1世纪。

这一时期，巴比伦依然是重要的文化和知识中心。考古专家琼·奥茨评论道，在这个时代，人们似乎重新燃起对楔形文字文学作品的兴趣。也许是在安条克的支持和鼓励下，天文学和占星学研究开始繁盛。安条克的几位继任者给了巴比伦不少特别照顾，包括赏赐给它土地。巴比伦尼亚的其他城市，比如宗教信仰中心库撒和博尔西帕也获得了很多土地赏赐。事实上，在塞琉古第八位君主安条克四世（公元前175—公元前164）统治时期，巴比伦好像是塞琉古帝国的东部新首都，因而焕发出新的生机——

不过，当时因为安条克在那里建立了新的希腊殖民地，这座城市很可能已经失去许多原有的传统特色。

但不久之后，巴比伦尼亚又受到另外一股势力的控制。这个政权于约公元前247年从伊朗崛起。这便是帕提亚王国[①]。王国的统治者野心勃勃，想要向西扩张，于是与塞琉古统治者以及该地区的希腊继任者之间冲突不断。自国王米特拉达梯一世（公元前171—公元前138）统治起，帕提亚的诸位国王便频繁与塞琉古帝国开战，争夺美索不达米亚的统治权。巴比伦不可避免地卷入战争之中，有时处于塞琉古帝国统治之下，有时又处于帕提亚帝国统治之下。而在后者统治期间，这座城市并没有被完全忽略。事实上，有证据显示，在帕提亚统治时期，巴比伦城里开展了一些建设活动。最重要的一点是，当时埃萨吉拉神庙在巴比伦仍然继续发挥着宗教中心的功能。除了巴比伦尼亚宗教生活中的传统元素之外，精神生活中的一些传统元素也同样得以完好保留至公元1世纪。考古学家们发现了书写于公元1世纪晚期的楔形文字文本，其内容仅限于天文和数学方面，而到了公元1世纪末期，用楔形文字书写的内容便完全绝迹。

关于这一时期巴比伦的物质生活情况，古典时代资料中的描述不尽相同。西西里的狄奥多罗斯的描述给我们的印象是，在公元前1世纪晚期巴比伦这座庞大的城市已破败不堪、满目疮痍，但巴比伦的城墙依然令人赞叹——事实上，狄奥多罗斯将这些城墙

① 也称安息帝国。——译注

称为世界七大奇迹之一——而彼时城墙内大部分区域已经变成农田；城中的主要建筑，包括埃萨吉拉神庙，那时候已经只剩下断壁残垣。然而，一个世纪之后，古罗马作家老普林尼却说埃萨吉拉神庙仍然运作正常。实际上，一直到公元3世纪，虽然神庙周围的区域已经破败荒芜，神庙可能依然在正常运作。据说，公元116年罗马帝国皇帝图拉真在幼发拉底河东岸指挥完作战后返回罗马途中行经巴比伦时，这座城市便已是这样一幅景象了。在巴比伦，图拉真凭吊了亚历山大大帝。据说他还专门在亚历山大大帝去世的那间屋子里悼念了他。

巴比伦尼亚的遗产

但是在接下来的几个世纪里，巴比伦从来也没有从人类的记忆中完全消失。事实上，现存的书面记录指出，公元9世纪和10世纪巴比伦的部分地区重新有人居住。此时它是一个省会，所属的行政区名字叫作巴别。因为与《圣经》的关联，这里吸引了许多早期的犹太和基督信徒参观游览。在这些旅游者当中，第一个比较知名的人物是一位来自西班牙北部的犹太拉比，人称图德拉的本杰明。他被犹太传统中关于巴比伦的故事吸引，并对仍然居住在那里的犹太群体的知识很感兴趣，公元1160年到1173年之间，他曾两次去参观巴比伦和巴比伦尼亚的其他遗址。他是第一个向我们描述巴比伦遗迹的欧洲人。他的描述中包括了尼布甲尼撒所建宫殿的遗迹。还有一处地方图德拉的本杰明认为是巴别塔的遗址。不过，他声称这些遗址位于另外一座巴比伦尼亚城市博尔西帕。

在接下来的三个世纪中，又有几位旅行家追随本杰明的脚步而来。毫无疑问，他们旅行的主要原因之一是想亲眼看看《圣经》中的预言成真——巴比伦尼亚世界曾经一度自豪的首都现在是大片荒烟蔓草的土地，蛇蝎遍布，野兽成群（这些早期的旅行家是这么说的）。在文艺复兴全盛时期，从16世纪开始，人们对古代世界以及从那里出土的古物兴趣日渐浓厚，于是越来越多的西方旅行者来到美索不达米亚参观游览。巴比伦因为与《圣经》密切相关，又被古希腊和罗马作家在作品中频频提及，因而成为旅行者瞩目的焦点之一。

一直到那时，甚至一直到19世纪上半叶为止，我们对巴比伦的认识都来源于以下三个方面：从公元10世纪开始络绎不绝的游览者对这座城市遗址的描述，《圣经》对这座城市的无数描述和预言，以及古典时代作家的记述。在这三个方面的来源之中，最有影响力的莫过于《圣经》对巴比伦这座城市充满敌意的表述。这些来源毫无意外造成了犹太-基督教传统中对巴比伦极度负面的认识，这也深刻影响了西方艺术和文学作品中对巴比伦形象的塑造。其中最为著名的作品包括德国画家勃鲁盖尔的《巴别塔》、英国画家布莱克的《尼布甲尼撒》，以及荷兰画家伦勃朗的《伯沙撒的盛宴》。

显而易见，这些对巴比伦的整体描绘是扭曲而褊狭的。但直到维多利亚时代中期，这一情况都没有改变的可能，因为那个时候古巴比伦人没有办法为自己辩护。直到19世纪中叶楔形文字和语言被破译，这一情况才得到扭转。直到这个时候，我们才第一次接触到巴比伦尼亚人自己所写的书面记录。而在此之前，我们对他们的认识仅仅局限于其他民族的人对他们的描述，这种描述通常狭隘而又片面，并且通常还是在事件发生几百年之后才书写的。巴比伦尼亚人用楔形文字写成的文本，记录了他们对同时代以及后世的文明在社会、知识以及文化方面所做出的无数贡献。这些文本再加上19世纪晚期在巴比伦进行的第一次综合性考古发掘，中和了人们对巴比伦狭隘和片面的认识。

《汉谟拉比法令》强调，要确保正义遍布巴比伦尼亚的土地，确保法律可以向社会中最脆弱的成员提供保护，侵犯他们的人则要付出代价。编写者汉谟拉比和他的许多继任者很重视这种理念。通过《法令》，汉谟拉比维护了美索不达米亚早期几位国王通过社会改革项目所确立的公平正义的基本原则。这部法律、条令的集合也为后世的法律判决例如《赫梯法典》提供了基础。《旧约》中的律法也有《汉谟拉比法令》中一些条例的影子，比如《旧约》中的利未婚[1]条款，以及对性侵犯和其他侵犯所设置的一系列刑罚等都与《汉谟拉比法令》中的条款有相似之处。另外，汉谟拉比所颁布的法律中“以眼还眼，以牙还牙”的原则在《旧约》的法律传统中具有根深蒂固的影响。

因为犹太人被迫在巴比伦居留了几乎半个世纪之久，许多犹太人，尤其是祭司和学者深受巴比伦习惯、传统和风俗的影响，他

---

① 指女性在丈夫死后嫁给其兄弟的行为、习俗或法律。——译注

们在犹太文化中对这些进行了吸收和保留。因此，《创世记》中关于大洪水的《圣经》故事很明显受到美索不达米亚文学中大洪水叙事的影响——比如从中可以看到巴比伦尼亚《阿特拉哈西斯史诗》和《吉尔伽美什史诗》中洪水故事的影子。这些史诗与其他美索不达米亚“经典”一起，在后来的几个世纪融入近东世界的文化脉络之中。比如，在近东世界的几个中心城市都发现了流传几百年之久的《吉尔伽美什史诗》残缺版本。这些巴比伦杰作是那些为书吏这一职业做准备的学生所接受的训练项目中必不可少的一部分。

通常来讲，从汉谟拉比时代开始，巴比伦语便成为近东世界使用的主要国际语言，而且地位相当稳固。事实上，在后来的几个世纪，从青铜时代晚期到铁器时代，再到公元前1千纪前后，巴比伦语一直是近东世界的通用语言，后来阿拉姆语才取代了它的地位。巴比伦尼亚也是赫梯人将楔形文字作为赫梯语书写系统的最早源头，其媒介应该是赫梯王国早期在巴比伦尼亚所进行的军事行动中从叙利亚带回的书吏。在这一过程中，他们将《吉尔伽美什史诗》融入赫梯书吏的学习课程。

赫梯人发挥了一定的作用，把源于巴比伦尼亚乃至整个美索不达米亚的文化传统传播到希腊和罗马的西方世界——虽然在这个方面，叙利亚北部地区发挥的作用可能更大一些。几乎可以肯定的是，公元前8世纪的希腊史诗诗人荷马对于《吉尔伽美什史诗》有一定了解，在创作《伊利亚特》和《奥德赛》时曾从其中一些情节和思想获得灵感。学者们指出，《吉尔伽美什史诗》和荷马的史诗在主题、单个情节以及所描写的风俗方面有许多共同之处。此处我们还可以顺便指出，公元2世纪时期的讽刺作家琉善确实曾经说过荷马是巴比伦尼亚裔——当然，我们几乎可以确定他这么说只是在开玩笑。

在巴比伦尼亚历史上，许多科技领域也取得了重大进步。巴比伦尼亚人以他们的治疗技术而闻名，这一点可以通过加喜特时期赫梯皇室要求巴比伦尼亚医疗从业者为他们服务而得到证明。另外，以六十进制为基础（即以六十为单位进行计数——我们今天在某种程度上仍在使用这种计数方式，比如我们所用的时间度量单位）的数学在巴比伦尼亚世界的各种专门技能中处于重要地位。在古巴比伦尼亚时代，书吏学校的学生就已经掌握了代数、二次方程式、三次方程式以及几何等方面的解题技能。

巴比伦尼亚人对数学的研究与对天文学和占星学这两个紧密相关领域的研究是相辅相成的。这些研究对希腊科学的发展，尤其是亚历山大大帝去世之后的三个世纪，即我们所称的“希腊化时代”科学的发展影响巨大。在巴比伦尼亚世界，占卜者和预言家很受重视，因为他们可以通过检查牲羊肝脏、观察天象等各种各样的方式来解读神明意志，给未来的事情提出建议。这些占卜习艺者被叫作“迦勒底人”，在古典时代颇受尊重。受到他们的深刻影响，古希腊和罗马也有相似的行业。在占星学领域以及在其他知识领域，古巴比伦尼亚对于古典时代世界的影响到底到了什么程度，直到楔形文字语言被破译才真相大白。

研究天体运动是占卜从业者在预测未来事件和解读神明意

志时所使用的重要方法之一。然而，“占星学”这个词在现代会让人联想起算命者的胡言乱语以及报纸和杂志上的“今日运势”专栏，其内涵意义已经与巴比伦语境下这一领域的研究所具有的严肃性和科学性大相径庭。在巴比伦尼亚世界中，占星学与天文学是紧密相关的。事实上，甚至可以说天文学的研究脱胎于占星学。两者都需要在很长的一段时间内对天体现象做出详细而系统的记录。占星人为了预测未来或者解读神明意志，在对恒星和行星的运动进行常规观察的过程中意识到，如果辅以数学计算，这些天体的运动，还有诸如日食、月食等现象是可以预测的。他们还发现，这些运动和现象是自然循环，而不是某些神明一时兴起而导致的随机事件。

在巴比伦尼亚，天文学研究至少可以追溯至公元前2千纪上半叶。据资料记载，在汉谟拉比王朝的倒数第二位国王阿米-萨杜卡（约公元前1646—公元前1626）统治时期便有对金星运行的观察记录。最晚从这个时期开始，人们就在持续地记载天象，这些记录后来成为制定巴比伦尼亚历法的主要基础之一。到了公元前8世纪中期，在那波那萨尔统治时期，已经有了精确的日食、月食记录表，而到了同一世纪末期，人们已经可以相当精准地预测月食以及相对较少发生的日食了。到了公元前1千纪中期，出现了建立在坚实科学研究基础之上的天文学研究。即便如此，天文学依然与预言术紧密相关。以解读神明意志为目的而从事天文学研究的人不少都是巴比伦尼亚社会中的杰出学者。

公元前1千纪晚期，巴比伦人发明了黄道十二宫，随之而来的是个人占星术的发展。其方法是“专家”通过解读一个人出生时的星座对于他的影响来规划这个人的未来。虽然从公元前1世纪开始，个人占星术开始明显流行起来，但对于真正从事占星术研究的人而言，这种预测工作似乎算不上一种严肃的职业。

公元前539年，新巴比伦王国陷落，波斯统治开始，占卜等从业者在古典时代仍然深受敬仰，其中包括通过观察和解读天象来理解神明旨意的占卜者。“迦勒底人”这个名字（当时和“巴比伦尼亚人”是同义词）通常被用来指占星人，还用来笼统地指巴比伦尼亚的算命人和预言家。（或者可以这样理解，真正的迦勒底裔尤其以这些职业而闻名。）尤其是希腊化时期，当塞琉古王朝统治巴比伦尼亚以及近东世界其他地区时，天文学研究作为一门复杂的、以数学为基础的科学达到了顶峰。公元前4世纪下半叶巴比伦尼亚最伟大的天文学家基丁努就是这一时期出现的人物。在那个时代，巴比伦尼亚和希腊天文学家已经开始合作，后来他们之间的合作越来越多。从更广泛的角度来看，情况正如考古学家琼·奥茨所言：“占星学、数学以及天文学在古典时代获得长足发展，并逐渐壮大。以阿拉伯为渠道进行传播的希腊化时期的科学将在古代世界和西欧占据主导地位，这种情况一直持续到牛顿时期。但这些科学的源头在巴比伦尼亚。塞琉古时期的巴比伦尼亚天文学背后有超过一千年之久的数学的长足发展作为支撑，这毫无疑问是古代世界真正的科学发展的中坚力量。”

然而，巴比伦堕落颓废、肆意挥霍、毫无节制的典型形象依然在现代世界人们的认知中占据着举足轻重的地位。犹太-基督教对巴比伦形象的塑造本就不佳，西方艺术对巴比伦及其统治者的描绘又耸人听闻，这就让情况更加雪上加霜。虽然研究美索不达米亚的现代学者们为这一世界最伟大文明之一的中心提供了更加平衡的观点，但目前在人们心目中，巴比伦的负面形象依然占据着支配地位。

主要事件、时期及统治者年代顺序表

（本书中提及的新巴比伦王国之前的所有日期均为大致日期。各个时期的起讫年代均由研究青铜时代和铁器时代的不同学者提出）

青铜时代早期

公元前2900—公元前2334	早王朝时期
公元前2334—公元前2193	阿卡德帝国
公元前2112—公元前2004	乌尔第三王朝

青铜时代中晚期

公元前2000—公元前1735	古亚述王国时期
公元前1880—公元前1595	古巴比伦王国时期
公元前1792—公元前1750	汉谟拉比统治时期
公元前17世纪初期—公元前12世纪初期	赫梯王国
公元前1595	赫梯洗劫巴比伦
—公元前1570—公元前1155	加喜特王朝

铁器时代

公元前1154—公元前1027	伊辛第二王朝
公元前1026—公元前1006	海国第二王朝
公元前1005—公元前986	巴兹王朝
公元前979—公元前732	E朝代（巴比伦第八王朝）
公元前911—公元前610	新亚述帝国

新巴比伦王国时期（各君主统治时间从第一个完整的执政年份算起）

公元前626—公元前539	新巴比伦帝国
公元前625—公元前605	那波帕拉萨尔统治时期
公元前604—公元前562	尼布甲尼撒统治时期
公元前587或公元前586	耶路撒冷陷落
公元前555—公元前539	那波尼德斯统治时期

波斯时期

公元前559—公元前330	波斯帝国
公元前559—公元前530	居鲁士二世统治时期
公元前539	居鲁士攻占巴比伦
公元前330	巴比伦尼亚被亚历山大大帝攻陷

希腊化和罗马时期

公元前323	亚历山大大帝病逝于巴比伦
公元前305—公元前64	塞琉古帝国
公元前247—公元224	帕提亚王国
公元前1世纪晚期—公元2/3世纪	巴比伦尼亚与罗马时期

君主列表

（巴比伦主要君主列表；各君主统治时间从第一个完整的执政年份开始算起）

古巴比伦王国国王列表（大致日期）

（苏穆-阿布姆）	公元前1894—公元前1881
苏穆-拉-埃尔	公元前1880—公元前1845
萨比乌姆	公元前1844—公元前1831
阿皮尔-辛	公元前1830—公元前1813
辛-穆巴利特	公元前1812—公元前1793
汉谟拉比	公元前1792—公元前1750
萨姆苏-伊鲁纳	公元前1749—公元前1712
阿比-埃舒	公元前1711—公元前1684
阿米-狄塔纳	公元前1683—公元前1647
阿米-萨杜卡	公元前1646—公元前1626
萨姆苏-狄塔纳	公元前1625—公元前1595

加喜特国王列表（大致日期）

阿贡二世	—公元前1570—
布尔那布里亚什一世	—公元前1530—
卡什提里亚什三世	公元前16世纪晚期
乌兰布里亚什	—公元前1500—
三位国王	公元前15世纪早期—晚期
库里加尔祖一世	公元前15世纪晚期—公元前1374
卡达什曼-恩利尔一世	公元前1374—公元前1360
布尔那布里亚什二世	公元前1359—公元前1333
卡拉-哈尔达什	公元前1333
那兹-布嘎什	公元前1333
库里加尔祖二世	公元前1332—公元前1308
那兹-玛鲁塔什	公元前1307—公元前1282
卡达什曼-图尔古	公元前1281—公元前1264
卡达什曼-恩利尔二世	公元前1263—公元前1255
库杜尔-恩利尔	公元前1254—公元前1246
沙噶拉克提-舒瑞亚什	公元前1245—公元前1233
卡什提里亚什四世	公元前1232—公元前1225
恩利尔-那丁-舒米	公元前1224
卡达什曼-哈尔帕二世	公元前1223
阿达德-舒玛-伊地那	公元前1222—公元前1217
阿达德-舒玛-乌苏尔	公元前1216—公元前1187

美里-什帕克	公元前1186—公元前1172
马尔都克-阿普拉-伊地那	公元前1171—公元前1159
扎巴巴-舒玛-伊地那	公元前1158
恩利尔-那丁-阿黑	公元前1157—公元前1155

新巴比伦王国国王列表

那波帕拉萨尔	公元前625—公元前605
尼布甲尼撒	公元前604—公元前562
阿莫尔-马尔都克	公元前561—公元前560
涅里格利沙尔	公元前559—公元前556
拉巴施-马尔都克	公元前556
那波尼德斯	公元前555—公元前539

译名对照表

A

Abi-eshuh 阿比-埃舒
Adad-guppi 阿达德-古皮
Adad-nirari Ⅰ 阿达德-尼拉里一世
Adad-nirari Ⅱ 阿达德-尼拉里二世
Akhenaten 埃赫那吞
Akkadian empire 阿卡德帝国
Akkadian language 阿卡德语
Aleppo 阿勒颇
Alexander the Great 亚历山大大帝
Amarna letters 阿玛尔纳书信
Amel-Marduk (biblical Evil-Merodach) 阿莫尔-马尔都克(《圣经》中称作以未米罗达)
Amenhotep Ⅲ 阿蒙霍特普三世
Ammi-saduqa 阿米-萨杜卡
Amorites 阿摩利人
Amut-pi-El 阿穆-皮-埃尔
Amyitis 安美依迪丝
Antigonos Monophthalmos “独眼”安提柯
Antiochos Ⅰ 安条克一世
Antiochos Ⅳ 安条克四世
Arabia 阿拉伯半岛
Aramaeans 阿拉姆人
Aramaic language and script 阿拉姆语言和文字
Artaxerxes Ⅰ 阿尔塔薛西斯一世
Ashur 阿舒尔
Ashurbanipal 亚述巴尼拔
Ashur-uballit Ⅰ 阿舒尔-乌巴里特一世
Ashur-uballit Ⅱ 阿舒尔-乌巴里特二世
Assyria 亚述
astrology 占星学
astronomy 天文,天文学
Atra(m)hasis epic《阿特拉(姆)哈西斯史诗》
awīlum 阿维鲁(自由民)

B

Baba-aha-iddina 巴巴-阿哈-伊地那
Babel, Tower of 巴别塔
Babylon, general 巴比伦(统称)
Babylon, Old Babylonian period 古巴比伦尼亚时期的巴比伦
Babylon, Neo-Babylonian period 新巴比伦王国时期的巴比伦
Babylon, later ages 晚期的巴比伦
Babylonia 巴比伦尼亚
Babylonian legacy 巴比伦尼亚的遗产
Bazi Dynasty 巴兹王朝
Belshazzar 伯沙撒
Benjamin of Tudela 图德拉的本杰明
Berossos 贝洛索斯
Borsippa 博尔西帕
Burnaburiash Ⅱ 布尔那布里亚什二世

Mithradates Ⅰ 米特拉达梯一世
Mittani 米坦尼
Mursili Ⅰ 穆尔西里一世
Mursili Ⅱ 穆尔西里二世
Mushezib-Marduk 穆塞吉布-马尔都克
Muškēnum 穆什根努

N

Nabonassar 那波那萨尔
Nabonidus 那波尼德斯
Nabopolassar 那波帕拉萨尔
Nabu 纳布
Nabu-apla-iddina 纳布-阿普拉-伊地那
Nazi-Maruttash 那兹-玛鲁塔什
Nebuchadnezzar Ⅰ 尼布甲尼撒一世
Nebuchadnezzar Ⅱ (Nebuchadrezzar) 尼布甲尼撒二世（尼布甲瑞撒）
Necho Ⅱ 尼科二世
Neo-Babylonian empire 新巴比伦帝国
Neriglissar 涅里格利沙尔
New Year (Akitu) festival 新年（阿基图）节
Nimrud 尼姆鲁德
Nineveh 尼尼微
Nippur 尼普尔

O

Opis 欧庇斯

P

Palestine 巴勒斯坦
Parthia 帕提亚王国
Pelusium 培琉喜阿姆
Pirindu 皮林度
Pliny the Elder 老普林尼

Q

Qatna 卡特纳

R

Riblah 利比拉
Rim-Sin 瑞姆-辛

S

Samsi-Addu (Shamshi-Adad) 沙姆希-阿杜（沙姆希-阿达德）
Samsu-ditana 萨姆苏-狄塔纳
Samsu-iluna 萨姆苏-伊鲁纳
Sargon (Akkadian king) 萨尔贡（阿卡德国王）
Sargon (Assyrian king) 萨尔贡（亚述国王）
scribal centres, schools 书吏抄写中心，学校
scribes 书吏
Sealanders 海国人
Seleukeia-on-the-Tigris 底格里斯河畔的塞琉西亚
Seleukos (Seleucus) Ⅰ 塞琉古（塞琉卡斯）一世
Semiramis 塞弥拉弥斯
Semitic populations and languages 闪米特人与闪米特语族
Sennacherib 辛那赫里布
Shamash 沙玛什
Shamash-mudammiq 沙玛什-姆达米克

T

U

W

X

Y

Z

参考文献

(Asterisks indicate publications of ancient sources in translation.)

General works on the Ancient Near East

*Bible. The New International Version is used here.

Bryce, T. R. (2009/12), *The Routledge Handbook of the Peoples and Places of Ancient Western Asia: From the Early Bronze Age to the Fall of the Persian Empire*, Abingdon: Routledge.

Bryce. T. R. and Birkett-Rees, J. (2016), *Atlas of the Ancient Near East*, Abingdon: Routledge.

*Chavalas, M. W. (ed.) (2006), *The Ancient Near East: Historical Sources in Translation*, Oxford: Blackwell.

*Hallo, W. W. and Younger, K. L. (2003), *The Context of Scripture* (3 vols.), Leiden and Boston: Brill.

Kuhrt, A. (1995), *The Ancient Near East, c. 3000–330 BC* (2 vols.), London: Routledge.

Mieroop, M. Van De (2016), *A History of the Ancient Near East*, Oxford: Wiley-Blackwell, 3rd edn.

Podany, A. H. (2013), *The Ancient Near East: A Very Short Introduction*, Oxford and New York: Oxford University Press.

Potts, D. (2012), *A Companion to the Archaeology of the Ancient Near East* (2 vols.), Oxford: Wiley-Blackwell.

*Pritchard, J. B. (ed.) (1969), *Ancient Near Eastern Texts relating to the Old Testament*, Princeton: Princeton University Press, 3rd edn.

Radner, K. and Robson, E. (eds) (2011), *The Oxford Handbook of Cuneiform Culture*, Oxford: Oxford University Press.

Roaf, M. (1996), *Cultural Atlas of Mesopotamia and the Ancient Near East*, Abingdon: Andromeda.
Sasson, J. M. (ed.) (1995a), *Civilizations of the Ancient Near East* (4 vols.), New York: Charles Scribner's Sons.

General works on Babylonia

Arnold, B. T. (2004), *Who Were the Babylonians?*, Atlanta: Society of Biblical Literature.
Galter, H. D. (2007), 'Looking Down the Tigris', in G. Leick (ed.), 527–540.
Gill, A. (2011), *The Rise and Fall of Babylon*, London: Quercus.
*Glassner, J.-J. (2004), *Mesopotamian Chronicles*, Atlanta: Society of Biblical Literature.
Leick, G. (2003), *The Babylonians*, London and New York: Routledge.
Leick, G. (ed.) (2007), *The Babylonian World*, London and New York: Routledge.
Oates, J. (1986), *Babylon*, London: Thames and Hudson, rev. edn.
Saggs, H. W. F. (2000), *Babylonians*, Berkeley and Los Angeles: University of California Press.
Sallaberger, W. (2007), 'The Palace and the Temple in Babylonia', in G. Leick (ed.), 265–275.
Steele, L. D. (2007), 'Women and Gender in Babylonia', in G. Leick (ed.), 299–316.

Chapter 1: The Old Babylonian period

Arnold, B. T. (2004), *Who Were the Babylonians?*, Atlanta: Society of Biblical Literature, 35–60.
Charpin, D. (2012), *Hammurabi of Babylon*, London and New York: I.B.Tauris.
Charpin, D. (2015), *Gods, Kings, and Merchants in Old Babylonian Mesopotamia*, Leuven: Peeters.
Heinz, M. (2012), 'The Ur III, Old Babylonian, and Kassite Empires', in D. Potts (ed.), 713–716 (whole chapter, 706–721).
Kuhrt, A. (1995), *The Ancient Near East, c. 3000–330 BC*, London: Routledge, 108–117.
Mieroop, M. Van De (2005), *King Hammurabi of Babylon*, Oxford: Blackwell.
Sasson, J. M. (1995b), 'King Hammurabi of Babylon', in J. M. Sasson (ed.) (1995a), 901–915.

*Sasson, J. M. (2015), *From the Mari Archives: An Anthology of Old Babylonian Letters*, Winona Lake: Eisenbrauns.

Chapter 2: Babylonian society through the perspective of Hammurabi's Laws

Epigraph from the Epilogue of the Laws of Hammurabi, inspired by the translation of Martha Roth, 1997: 133–134.

*Charpin, D. (2000), 'Lettres et procès paléo-babyloniens', in F. Joannès (ed.), *Rendre la justice en Mésopotamie*, Paris: Presses Universitaires de Vincennes, 69–111.

Dassow, E. Von (2011), 'Freedom in Ancient Near Eastern Societies', in K. Radner and E. Robson (eds), 205–224.

Koppen, F. van (2007), 'Aspects of Society and Economy in the Later Old Babylonian Period', in G. Leick (ed.), 210–223.

Mieroop, M. Van De (2016), *A History of the Ancient Near East*, Oxford: Wiley-Blackwell, 3rd edn, 118–127.

*Roth, M. T. (1997), *Law Collections from the Ancient World*, Atlanta: Society of Biblical Literature, 71–142.

*Roth, M. T. (2003), 'The Laws of Hammurabi', in W. W. Hallo and K. L. Younger Jr (eds), *The Context of Scripture*, vol. II, 335–353.

Chapter 3: Old Babylonian cities

Baker, H. D. (2011), 'From Street Altar to Palace: Reading the Built Urban Environment', in K. Radner and E. Robson (eds), 533–552.

Crawford, H. (2007), 'Architecture in the Old Babylonian Period', in G. Leick (ed.), 81–94.

Goddeeris, A. (2007), 'The Old Babylonian Economy', in G. Leick (ed.), 198–209.

Reynolds, F. (2007), 'Food and Drink in Babylonia', in G. Leick (ed.), 171–184.

Chapter 4: The Kassites

Bryce, T. R. (2007), 'A View from Hattusa', in G. Leick (ed.), 503–514.

Heinz, M. (2012), 'The Ur III, Old Babylonian, and Kassite Empires', in D. Potts (ed.), 716–20 (whole chapter, 706–721).

Kuhrt, A. (1995), *The Ancient Near East, c. 3000–330 BC*, London: Routledge, 332–348.

Mieroop, M. Van De (2016), *A History of the Ancient Near East*, Oxford: Wiley-Blackwell, 3rd edn, 183–190.

*Moran, W. L. (1992), *The Amarna Letters*, Baltimore and London: Johns Hopkins Press, 1–36.
Sommerfeld, W. (1995), 'The Kassites of Ancient Mesopotamia', in J. M. Sasson (ed.) (1995a), 917–930.
Vermaak, P. S. (2007), 'Relations between Babylonia and the Levant during the Kassite period', in G. Leick (ed.), 515–526.
Warburton, D. A. (2007), 'Egypt and Mesopotamia', in G. Leick (ed.), 487–502.

Chapter 5: Writing, scribes, and literature

*Dalley, S. (2008), *Myths from Mesopotamia: Creation, the Flood, Gilgamesh and others*, Oxford: Oxford University Press, rev. edn.
*Foster, B. R. (2005), *Before the Muses: An Anthology of Akkadian Literature*, Bethesda: CDL Press, 3rd edn.
*George, A. R. (1999), *The Epic of Gilgamesh: A New Translation*, London: Penguin.
*George, A. R. (2003), *The Babylonian Gilgamesh Epic: Introduction, Critical Edition and Cuneiform Texts*, Oxford: Oxford University Press.
Koch, U. S. (2011), 'Sheep and Sky: Systems of Divinatory Interpretation', in K. Radner and E. Robson (eds), 447–469.
Koppen, F. van (2011), 'The Scribe of the Flood Story and his Circle', in K. Radner and E. Robson (eds), 140–166.
Maul, S. M. (2007), 'Divination Culture and the Handling of the Future', in G. Leick (ed.), 361–372.
Moran, W. L. (1995), 'The Gilgamesh Epic: A Masterpiece from Ancient Mesopotamia', in J. M. Sasson (ed.) (1995a), 2327–2336.
Rochberg, F. (2011), 'Observing and Describing the World through Divination and Astronomy', in K. Radner and E. Robson (eds), 618–636.
*Sandars, N. (1971), *Poems of Heaven and Hell from Ancient Mesopotamia*, London: Penguin.
Veldhuis, N. (2011), 'Levels of Literacy', in K. Radner and E. Robson (eds), 68–89.
Wasserman, N. (2003), *Style and Form in Old-Babylonian Literary Texts*, Cuneiform Monographs 27, Leiden: Brill.

Chapter 6: The long interlude

Arnold, B. T. (2004), *Who Were the Babylonians?*, Atlanta: Society of Biblical Literature, 75–85.

Brinkman, J. A. (1982), 'Babylonia c. 1000–748 B.C.', *Cambridge Ancient History* III.1, 282–313.

Brinkman, J. A. (1991), 'Babylonia in the Shadow of Assyria (747–626 B.C.)', *Cambridge Ancient History* III.2, 1–70.

Frame, G. (1992), *Babylonia 689–627 B. C.: A Political History*, Leiden: NINO.

*Frame, G. (1995), *Rulers of Babylonia: From the Second Dynasty of Isin to the End of Assyrian Domination (1157–612 BC)*, Toronto, Buffalo, and London: University of Toronto.

*Glassner, J.-J. (2004), *Mesopotamian Chronicles*, Atlanta: Society of Biblical Literature, 193–211.

Jursa, M. (2007), 'The Babylonian Economy in the First Millennium BC', in G. Leick (ed.), 224–235.

Jursa, M. (2010), *Aspects of the Economic History of Babylonia in the First Millennium BC: Economic Geography, Economic Mentalities, Agriculture, the Use of Money and the Problem of Economic Growth*, Münster: Ugarit Verlag.

Kuhrt, A. (1995), *The Ancient Near East, c. 3000–330 BC*, London: Routledge, 573–589.

Oates, J. (1986), *Babylon*, London: Thames and Hudson, rev. edn, 104–114.

Chapter 7: The Neo-Babylonian empire

Arnold, B. T. (2004), *Who Were the Babylonians?*, Atlanta: Society of Biblical Literature, 87–105.

*Arnold, B. T. and Michalowski, P. (2006), 'Achaemenid Period Historical Texts concerning Mesopotamia', in M. W. Chavalas (ed.), 407–426.

Baker, H. D. (2007), 'Urban Form in the First Millennium B.C.', in G. Leick (2007), 66–77.

Baker, H. D. (2012), 'The Neo-Babylonian Empire', in D. Potts (ed.), 914–930.

Beaulieu, P.-A. (1989), *The Reign of Nabonidus, King of Babylon 556–539 B.C.*, Yale Near Eastern Researches 10. New Haven: Yale University Press.

Beaulieu, P.-A. (1995), 'King Nabonidus and the Neo-Babylonian Empire', in J. M. Sasson (ed.) (1995a), 969–979.

Beaulieu, P.-A. (2007), 'Nabonidus the Mad King', in M. Heinz and M. H. Feldman (eds), *Representations of Political Power: Case Histories from Times of Change and Dissolving Order in the Ancient Near East*, Winona Lake: Eisenbrauns, 137–166.

*Glassner, J.-J. (2004), *Mesopotamian Chronicles*, Atlanta: Society of Biblical Literature, 214–239.

Jursa, M. (2005), *Neo-Babylonian Legal and Administrative Documents: Typology, Contents and Archives*, Guides to the Mesopotamian Textual Record 1, Münster: Ugarit-Verlag.

Jursa, M. (2007), 'Die Söhne Kudurrus und die Herkunft der neubabylonischen Dynastie', *Revue d'assyrologie et d'archéologie orientale* 101: 125–136.

Jursa, M. (2010), *Aspects of the Economic History of Babylonia in the First Millennium BC: Economic Geography, Economic Mentalities, Agriculture, the Use of Money and the Problem of Economic Growth*, Münster: Ugarit Verlag.

Jursa, M. (2014), 'The Neo-Babylonian Empire', in M. Gehler and R. Rollinger (eds), *Imperien und Reiche in der Weltgeschichte-Epochübergreifenden und globalhistorische Vergleiche*, Wiesbaden: Harrassowitz, 121–148.

Mieroop, M. Van De (2009), 'The Empires of Assyria and Babylonia', in T. Harrison (ed.), *The Great Empires of the Ancient World*, London: Thames & Hudson, 70–97.

Mieroop, M. Van De (2016), *A History of the Ancient Near East*, Oxford: Wiley-Blackwell, 3rd edn, 294–307.

*Pearce, L. E. and Wunsch, C. (2014), *Documents of Judean Exiles and West Semites in Babylonia in the Collection of David Sofer*, Cornell University Studies in Assyriology and Sumerology 28, Bethesda, MD: CDL Press.

Roaf, M. (1996), *Cultural Atlas of Mesopotamia and the Ancient Near East*, Abingdon: Andromeda, 198–202.

*Roth, M. T. (1997), *Law Collections from the Ancient World*, Atlanta: Scholars Press, 143-149.

*Studevent-Hickman, B., Melville, S. C., and Noegel, S. (2006), 'Neo-Babylonian Period Texts from Babylonia and Syro-Palestine', in M. W. Chavalas (ed.), 382–406.

Waerzeggers, C. (2011), 'The Pious King: Royal Patronage of Temples', in K. Radner and E. Robson (eds), 725–751.

Wiseman, D. J. (1991), 'Babylonia 605–539 B.C.', *Cambridge Ancient History* III.2, 229–251.

Chapter 8: Nebuchadnezzar's Babylon

Baker, H. D. (2011), 'From Street Altar to Palace: Reading the Built Urban Environment', in K. Radner and E. Robson (eds), 533–552.

Dalley, S. (2013), *The Mystery of the Hanging Gardens of Babylon*, Oxford: Oxford University Press.

Finkel, I. L. and Seymour, M. J. (eds) (2008), *Babylon: Myth and Reality*, London: British Museum Press.
Mieroop, M. Van De (2003), 'Reading Babylon', *American Journal of Archaeology* 107: 257–275.

Chapter 9: Babylonia in later ages

Aaboe, A. (1980), 'Observation and Theory in Babylonian Astronomy', *Centaurus* 24: 14–35.
Aaboe, A. (1991), 'Babylonian Mathematics, Astrology, and Astronomy', *Cambridge Ancient History*, III.2, 276–292.
Boiy, T. (2004), *Late Achaemenid and Hellenistic Babylon*, Orientalia Lovaniensia Analecta 136, Leuven: Peeters.
Breucker, G. de (2011), 'Berossos between Transition and Innovation', in K. Radner and E. Robson (eds), 637–657.
Brown, D. (2008), 'Increasingly Redundant: The Growing Obsolescence of the Cuneiform Script in Babylonia from 539 BC,' in J. Baines, J. Bennett, and S. Houston (eds), *The Disappearance of Writing Systems: Perspectives in Literacy and Communication*, London: Equinox: 73–102.
Chambon, G. (2011), 'Numeracy and Metrology', in K. Radner and E. Robson (eds), 51–67.
Clancier, P. (2011), 'Cuneiform Culture's Last Guardians: The Old Urban Notability of Hellenistic Uruk', in K. Radner and E. Robson (eds), 753–773.
*Glassner, J.-J. (2004), *Mesopotamian Chronicles*, Atlanta: Society of Biblical Literature, 240–258.
Kuhrt, A. (2007), 'The Persian Empire', in G. Leick (ed.), 562–576.
Robson, E. (2007), 'Mathematics, Metrology, and Professional Numeracy', in G. Leick (ed.), 418–431.
Rochberg, F. (2011), 'Observing and Describing the World through Divination and Astronomy', in K. Radner and E. Robson (eds), 618–636.
Spek, R. J. van de (1985), 'The Babylonian Temple during the Macedonian and Parthian domination, *Bibliotheca Orientalis* 42: 541–562.
Spek, R. J. van de (2006), 'The Size and Significance of the Babylonian Temples under the Successors', in P. Briant and F. Joannès (eds), *La transition entre l'empire achéménide et les royaumes hellenistiques*, Paris: De Boccard, 261–307.
Waerzeggers, C. (2003/4), 'The Babylonian Revolts against Xerxes and the "End Archives"', *Archiv für Orientforschung* 50: 150–178.

扩展阅读

For full details of the following publications see the References section under the relevant chapter headings.

Comprehensive works on the ancient Near East, which provide a broad context for the study of Babylonia, include Kuhrt (1995), *The Ancient Near East, c. 3000–330 BC*, Van De Mieroop (2016), *A History of the Ancient Near East* (up to date, and more accessible for general readers), Podany (2013), *The Ancient Near East: A Very Short Introduction* (concise and selective in its treatment, but including brief chapters on the main periods of Babylonian history), and Sasson (1995a), *Civilizations of the Ancient Near East* (4-volume encyclopaedic work with contributions by many scholars). Bryce (2009/12), *The Routledge Handbook of the Peoples and Places of Ancient Western Asia*, provides an encyclopaedia-type coverage of Near Eastern peoples, cities, and kingdoms. Chavalas (2006), *The Ancient Near East*, provides translations, with introductory notes, of a wide range of written records of the ancient Near East.

General works on Babylon and Babylonia include Arnold (2004), *Who Were the Babylonians?* (catering both for students and general readers), Gill (2011), *The Rise and Fall of Babylon* (copiously illustrated, written for a very general audience, and briefly covering other contemporary Near Eastern civilizations as well), Leick (2003), *The Babylonians* (a concise account of Babylonian history and civilization), Leick (2007), *The Babylonian World* (chapters by individual scholars on numerous aspects of Babylonian history and civilization), Oates (1986), *Babylon* (inevitably dated but highly readable, with coverage of Babylonian history down to the Hellenistic period), and Saggs (2000), *Babylonians* (with some updating of earlier editions).

There are a number of scholarly chapters relevant to Babylonian society and culture in Radner and Robson (2011), *The Oxford Handbook of Cuneiform Culture*. On the two institutions which dominated Babylonian life, the palace and the temple, see Sallaberger (2007),'The Palace and the Temple in Babylonia'. On the roles, activities, and status of women in Babylonian society, see Steele (2007), 'Women and Gender in Babylonia', and for an account of what the Babylonians ate and drank, Reynolds (2007), 'Food and Drink in Babylonia'. Galter (2007), 'Looking Down the Tigris', discusses political, military, and cultural relations between Babylonia and Assyria to the end of the Neo-Assyrian empire (late seventh century BC).

Accounts of the first major period of Babylonian history, the Old Babylonian Kingdom (Chapters 1–3), naturally focus on the kingdom's defining figure, Hammurabi. These accounts include books by Charpin (2012), *Hammurabi of Babylon* and Van De Mieroop (2005), *King Hammurabi of Babylon* (both highly authoritative, though with different emphases and approaches), and a chapter by Sasson (1995b), 'King Hammurabi of Babylon'. Roth (1997: 71–142), *Law Collections from the Ancient World* (1997: 71–142) and (2003), 'The Laws of Hammurabi', provides one of the most recent translations of Hammurabi's Laws. Charpin (2000), 'Lettres et procès paléo-babyloniens' and (2012: Chapters 8–10), *Hammurabi of Babylon*, provides references to and translations of a number of legal and administrative documents and letters dating to Hammurabi's reign; these contain much information about the system of justice and its management in this period. See also Sasson (2015), *From the Mari Archives: An Anthology of Old Babylonian Letters*. Von Dassow (2011), 'Freedom in Ancient Near Eastern Societies' provides important information on Babylonian social classes as reflected in Hammurabi's Laws. Goddeeris (2007), 'The Old Babylonian Economy', gives an account of the Old Babylonian economy, and van Koppen (2007), 'Aspects of Society and Economy in the Later Old Babylonian Period', discusses both social and economic aspects of the period. Crawford (2007), 'Architecture in the Old Babylonian Period', provides an account of Old Babylonian architecture—public buildings, palaces, temples, and domestic housing.

The Kassite period of Babylonian history (Chapter 4) is covered at some length in all general works on Babylonia. In addition, see Kuhrt (1995: 344–348), *The Ancient Near East*, and Sommerfeld (1995), 'The Kassites of Ancient Mesopotamia'. For translations of relevant documents from the period, see W. Moran (1992: 1–37), *The Amarna Letters*, and Chavalas (2006: 275–279), *The Ancient Near East: Historical Sources in Translation*. For Kassite Babylonia's relations with Egypt, see Warburton (2007), 'Egypt and Mesopotamia', with Hatti (the Hittite kingdom), see Bryce (2007), 'A View from Hattusa', and with the Levant, Vermaak (2007), 'Relations between Babylonia and the Levant during the Kassite period'.

Several 'classics' of Babylonian literature are discussed in Chapter 5. For an overview of the Gilgamesh epic, see Moran (1995), 'The Gilgamesh Epic: A Masterpiece from Ancient Mesopotamia'. George (1999), *The Epic of Gilgamesh: A New Translation*, translates and discusses the epic, and in (2003), *The Babylonian Gilgamesh Epic: Introduction, Critical Edition and Cuneiform Texts*, provides a scholarly edition of it. For translations of other Mesopotamian epics and myths, see Sandars (1971), *Poems of Heaven and Hell from Ancient Mesopotamia*, Hallo and Younger (2003: vol. I, 449–460), *The Context of Scripture*, Dalley (2008), *Myths from Mesopotamia: Creation, the Flood, Gilgamesh and others*. Van Koppen (2011), 'The Scribe of the Flood Story and his Circle', discusses the Atram-Hasis epic, its origins and authorship. For an introduction to Old Babylonian Akkadian inscriptions, see Wasserman (2003), *Style and Form in Old-Babylonian Literary Texts*. See also *Sources of Early Akkadian Literature*, a continuing Leipzig University Project, online at www.seal.uni-leipzig.de. Veldhuis (2011), 'Levels of Literacy', discusses the extent of literacy in Babylonian society. On divinatory practices, see Maul (2007), 'Divination Culture and the Handling of the Future'.

The interlude between the Kassite and Neo-Babylonian periods (Chapter 6) is covered in greater or lesser detail by all the above-mentioned general works on Babylonia. Brinkman (1982), 'Babylonia c. 1000–748 B.C.', and (1991) 'Babylonia in the Shadow of Assyria (747–626 B.C.)', provide detailed (though now somewhat dated) accounts of the period. Written sources for the period are translated in Frame (1995), *Rulers of Babylonia: From the Second Dynasty of Isin to the End of Assyrian Domination*, and (from Nabonassar's reign to 668 BC) Glassner (2004: 193–211),

Mesopotamian Chronicles. On the history of the Babylonian economy in the first millennium BC (including the Neo-Babylonian period), see Jursa (2007a), 'The Babylonian Economy in the First Millennium BC' and (2010), *Aspects of the Economic History of Babylonia in the First Millennium BC*.

In addition to treatments of the Neo-Babylonian period (Chapters 7–8) in the general works on Babylonia, see also Wiseman (1991), 'Babylonia 605–539 B.C.' (now obviously dated), Baker (2007), 'Urban Form in the First Millennium B.C.', and (2011), 'From Street Altar to Palace: Reading the Built Urban Environment' (on the layout of the Neo-Babylonian cities, the latter from the viewpoint of the ordinary inhabitants of the Babylonian cities). For comprehensive, up-to-date accounts of the Neo-Babylonian empire in general, see Baker (2012), 'The Neo-Babylonian Empire' and Jursa (2014), 'The Neo-Babylonian Empire'. On Nabonidus's reign, see Beaulieu (1989), *The Reign of Nabonidus, King of Babylon 556–539 BC*, (1995), 'King Nabonidus and the Neo-Babylonian Empire', and (2007), 'Nabonidus the Mad King'. On the Hanging Gardens and other aspects of the Neo-Babylonian period, including references to and translations of the relevant Classical sources, see Dalley (2013), *The Mystery of the Hanging Gardens of Babylon*. Jursa (2007), 'Die Söhne Kudurrus und die Herkunft der neubabylonischen Dynastie', discusses the origins of the Neo-Babylonian dynasty. Van De Mieroop (2003), 'Reading Babylon', provides an account of the ideologies underlying the built environment of Nebuchadnezzar's Babylon, and in (2009), 'The Empires of Assyria and Babylonia', a lavishly illustrated overview of both the Neo-Assyrian and Neo-Babylonian empires.

The Book of Daniel is the *locus classicus* for the biblical account of Nebuchadnezzar's and (allegedly) Belshazzar's reigns. For translations of Babylonian records of the period, see Glassner (2004: 214–239), *Mesopotamian Chronicles*, Studevent-Hickman *et al.* (2006), 'Neo-Babylonian Period Texts from Babylonia and Syro-Palestine', and Roth (1997: 143–149), *Law Collections from the Ancient World* (translation of the Neo-Babylonian Laws). Adad-guppi's biography is translated by J. A. Wilson in Pritchard (1969: 560–562), *Ancient Near Eastern Texts relating to the Old Testament*, and by S. C. Melville in Chavalas (2006: 389–393), *The Ancient Near East: Historical Sources in Translation*. The so-called 'Nabonidus Chronicle', an account of her son's reign and the Persian conquest of his kingdom, is translated by B. T. Arnold and